JN258183

このアートは、あなたが「怖れ」を手放し、
想像以上の宇宙の恩寵を受け取れるように光を込めています。
切り取ってお部屋に飾ったり、持ち歩いたりと好きなようにご活用ください。

大木ゆきの

宇宙は逆さまにできている！

想像以上の恩寵を受け取る方法

はじめに ―― 宇宙のルールを知って、楽に、思うままに生きる

追いかければ追いかけるほど遠のき、
求めれば求めるほど手に入らず、
探しても探しても見つからず、
目指せば目指すほど、目指したものにはならない。

コントロールしようとすると制御不能になり、
マニュアルで何とかしようとしても何ともならない。

先のことを思い煩《わずら》えば、まさしく思い煩った通りになり、
安全であろうとすると、危険な状態になる。

こんな自分を暴露したら終わりと思っていた自分を許したら、その瞬間にはじまり、

見たくないと思っていたことをはっきり見たら、その瞬間に終わり、どうにかしなければと躍起になるのをやめたら、勝手にうまくいき、本当にバカなんだなあと認めたとき、ものごとの摂理がはっきり見え、他人を心配するのをやめたとき、その人は自分の足で立ち、歩き、進み、もう何もいらないと思ったとき、最初からすべてがあったことに気づく。

これは私自身が体験してきたことです。追いかけても、求めても、探しても、努力してもどうにもならなかった。

引き寄せ?
私にはうまくいかなかった。
新月の願いごと?
やったけど、一番叶って欲しいことほど叶わなかった。

それなのに、疲れ切って「もういい！　もう好きなことだけして生きる」って開き直って全部手を離したら、不思議なことに、今まで求めても手に入らなかったものが次々なだれ込むようになりました。

わざわざ、それを引き寄せようと願ったわけではなく、むしろそんなことなどどうでもよくなったときに、それらがやってきたのです。

そのとき私は気づきました。引き寄せようとすることは、お金でも、成功でも、パートナーでも、それが「足りない」ということに意識がフォーカスされるので、逆に「足りない」状況が実現してしまうのだと。本当は何も足りなくなどなかったのだ。

仮に引き寄せられたとしても、それは三六〇度ある恩寵《おんちょう》のうち、一度の角度からしか受け取らないのと同じことであり、逆に引き寄せることさえ手放してしまえば、三六〇度どこからでも恩寵を受け取れるようになるということなのだなと。

そうか！　宇宙は逆さまにできていたんだ！　自分のどこかがおかしい、直さなきゃ、変わらなきゃ。そうじゃないと幸せになれないって思ってたけど、逆なんだね。どこもおかしくなかったんだ。それどころかありのままが最高だってことなんだ。私はこれまで逆のことをして自分で自分の首を絞めていたんだ。

その真実に気づいたとき、おかしくて切なくて、涙が出ました。

私はそのことに気づくまでに、あちこち頭をぶつけ、何十年もかかりました。

でもこの本を手に取られたあなたは、読み終わるまでの最短一時間くらいの間に、その真実をモノにできます。

それだけではありません。「私はありのままで完全だったのだ」というところから、もう一度生きたい人生を創造できる。

これからは楽に、思うままに生きてください。

第一章

「宇宙の法則」を知れば、人生の格闘は終わる

第二章

「怖れ」の正体を知り、味方につける

第三章

「逆転の法則」で引き寄せ以上の望みを手に入れる

第四章

「逆転の法則」実践トレーニング

第五章

「宇宙の法則」最終奥義

ブックデザイン 小口翔平＋喜來詩織（tobufune）
装画 宮原葉月
編集協力 楠本知子

第一章

「宇宙の法則」を知れば、人生の格闘は終わる

宇宙の流れに乗りさえすれば、もう怖いものはない！

あなたの人生がこれまでうまくいかなかったのだとしたら、それは宇宙の流れに逆らっていたからです。

流れに逆らえば、そこに抵抗が生まれ、苦悩や葛藤《かっとう》、ストレスが生じます。

一方、宇宙の流れに沿っていれば、無理をしなくても、楽に、円滑に宇宙が運んでくれます。

川の流れと同じです。

実はとてもシンプルなことなのです。

私は、現在毎週土曜日にＦＭ熱海湯河原で、三十分の番組を放送しているのですが、そのご縁も宇宙の流れがもたらしたものでした。

私はラジオパーソナリティーになる前、熱海の局の前を通るたびに、「ラジオ番組を持ったら楽しいだろうなあ」と思っていました。もし私が番組を作るなら、最初に宇宙の法則の話をして、次のコーナーでは、カンタンにできる幸せになっちゃうワークを紹介して……みたいに、すでに頭の中には企画書ができ上がっていました。

でも、絶対に何としてもラジオの番組を持ちたいとか、売り込みに行かなければなんて思っていませんでした。宇宙の流れに任せていたのです。

するとある日、個人セッションを受けに来られた方が、何とFM熱海湯河原の番組企画会議のお世話係をしているパーソナリティーさんだったのです。私がラジオに興味があるという話をしたら、来週企画会議があるから、企画書を出したら検討するということになり、その会議にあっさり通って、その翌月から、さっそく放送がはじまったのです。

宇宙を信頼してお任せしていれば、宇宙が最高最善のタイミングですべてをアレン

ジしてくれる。無理にこじ開けようとして悪戦苦闘すると、かえってこじれてしまうのです。

それは泳ぎに似ています。溺れるんじゃないかと、バタバタ手足を動かすとかえって体は沈んでいく。そしてますます水が怖くなる。

でも、手足の力を抜いて、水に体を委《ゆだ》ねてしまうと、ふわりと体が浮き、流れに楽に運んでもらうことができる。

「何とかしなければ」「こんな自分じゃだめだ」ってあくせくすることは、無駄に手足をばたつかせてしまうことと同じなんです。何とかしようと手足を動かしているはずが、それこそが最も宇宙の流れにあらがうことだということに気づいていない。

それが、うまくいかない根本的な要因なのです。

この本は、引き寄せの法則以上に効果がある「宇宙の法則」がテーマです。あなたがよかれと思ってやってきたことの、むしろ逆のことこそが宇宙の流れに沿うことだという意味です。そしてその宇宙の流れには法則がある。

それは意外にもとてもシンプルなことであり、すぐに実践できることなのです。

私もこの仕事をはじめる前までは、こんな自分じゃだめだって悪戦苦闘し、もがくばかりでした。でも、仕事を辞めて本当に好きなことを後先考えずにやりはじめたら、すべてがうまくまわり出しました。そのとき気づいたのです。そうか！　「ない」「足りない」「問題」なんてすべて幻想だったんだって。どうにかしようとするからうまくいかなかったんだ。ただ宇宙に導かれるまま、魂に従うだけでよかったんだって。

だから、あなたも大丈夫！　今日から宇宙に身を委ねましょう。

それではさっそく、「宇宙の流れとはどんな法則にのっとっているのか」についてお話ししていこうと思います。

宇宙の法則 その1

あなたは、そのままで宇宙の「最高傑作」

宇宙の法則を知らない人

▽

「理想の自分」にならないと幸せになれないと思っている

宇宙の法則を知っている人

▼

自分が宇宙の申し子で、ありのままで完璧な存在だと受け入れている

最初に言っておきますが、あなたはどこもおかしくありません。

「そんなはずないだろ!」って突っ込みを入れたければ、入れていただいても結構ですが、本当のことですので、悪しからず(笑)。


あなたはどこもおかしくないどころか、すばらしいです。

そのままの「あなた」がです。

今のあなたとは別の「将来なりたいと思っている理想のあなた」ではなく、「今のあなた」が、すばらしいのです。

できないことがいっぱいあって、
絵に描いたように美しくもなくて、
ときどき誰かに無性に腹が立ち、
しょうもないことで寂しがり、
ご飯を大盛りで三杯も食べ、

ちょっと食べすぎちゃったなって反省する。
そんな生身のあなたがすばらしいんです。

それなのにあなたは、
何でもできて、
気絶するくらい美しくて、
性格が円満で、
誰とでもうまくやれて、
みんなに好かれて、
ずば抜けた才能があって、
社会的に大成功していて、
何不自由ないほどお金があって、
いつも健康で若々しくて、
ラブラブのパートナーがいて、

（まだまだ続く……）。

そういうものを目指して生きてきませんでしたか？
その結果、そんな絵に描いた餅みたいな理想の人になれましたか？
なかなかそうならなかったんじゃないですか？
それどころか、そうならない自分をずっと責めてきませんでしたか？

もし、そうだとしたら、今日でおしまいにしましょう。
そんなもの目指さなくていいのです。
なぜって、それは宇宙の流れに逆らっているから。
宇宙はあなたのような人を創りたかったんです。

宇宙は、その容貌で、その性格の、
できることも、できないこともある、
そういうあなたを創りたかったのです。

そしてあなたは見事にすばらしい命としてこの世に誕生してくれました。

あなたが生まれたとき、世界中が、いや、宇宙中が歓《よろこ》んだんです。

この世界に、また一つ、すばらしい傑作が誕生した。

何て美しいんだ！

何てかわいいいんだ！

この子がこの世界に誕生してくれて、体験するすべてのことが、宇宙をさらに豊かにしてくれる。

生まれてくれてありがとう！

君のような人を待っていたんだよ！

って祝福した。

あなたは生まれてしばらくの間はそのことを覚えていましたが、生後六時間くらい経つと、すっかりそのことを忘れてしまいました。


なぜ、きれいさっぱり忘れてしまうかというと、**一度全部忘れて、もう一度ありの**

ままで、自分はこんなにもすばらしい存在だったんだってことを思い出す旅をするためです。それが人間をやる醍醐味《だいごみ》であり、あなたがそういう体験をすることによって、この宇宙はさらに進化し、豊かになっていくからです。

人間としてのすべての体験が、そこに向かって流れています。

それが宇宙の流れの大前提です。

でもね、あなたが今この本を手にしているということは、もう思い出す地点にさしかかっている証拠です。だからこそネタばらしのようなこの本を読んでいるのです。

あなたが苦しんできたのは、そのままでもすばらしいものを否定し、変えようとしたからです。それは宇宙の流れに逆らうことだから、苦しかったし、うまくいかなかったんです。

誰が何と言おうと、そのままで完全なものとして宇宙は私たちを生み出しました。

そのことをいつも忘れないでください。

宇宙の法則 その2
宇宙は何ものも排除しない

宇宙の法則を知らない人
▽
自分のどこかを切り捨てようともがいている

宇宙の法則を知っている人
▼
自分のどんな部分も必要なのだと受け入れている

日本の選挙権の歴史を振り返ってみると、最初は地元の有志である男性のみに与えられました。それが徐々に権利が拡大していって、今では二十歳以上の男女に平等に与えられていますよね。今後はさらに、十八歳以上の男女に権利が拡大される方向にあります。

女性を取りまく労働環境も同じです。

日本では長い間、女性が働く権利が保障されていませんでした。企業の採用試験を受けること自体が制限されたり、昇進や昇給、定年などで男性と差別されたりしてきたのです。

それが今では、女性も男性と互角の権利を得て、あらゆる職種に進出し、いろいろな職場で目を見張るほどパワフルに活躍しています。女性の労働力は、平等に評価されています。

なぜ歴史は、すべての人に平等に権利を与える方向に動いているのでしょうか？

それは、**宇宙が何かを排除する方向ではなく、すべてを受け入れ、包含《ほうがん》していく方向に流れているからです。**

宇宙物理学の世界では、宇宙は今も拡大し続けているそうです。

百三十七億年前にビッグバンがあって、その爆発の勢いがまだ続いているらしいのです。

つまり、宇宙は何かを排除したり、取り去ったりして、縮小する方向ではなく、どこまでも広がり続ける方向にあるということ。

この拡大する宇宙のエネルギーを想像してみてください。

そこから何かを排除するなんて、到底できることじゃないでしょう。

人は落ち込んでいるとき、肩をすぼめて、腕組みし、誰も中に入ってこないようにしようとします。その姿勢だとますます暗く沈んでいくでしょう。

でも両腕を上に向かって広げ、思いっ切り深呼吸するだけで、心が晴れ晴れしてくることはありませんか？

なぜ気持ちよくなったかと言えば、**排除や縮小の方向ではなく、統合や拡大の方向が自然の流れであることを、あなたの体は知っているからです。**

ですから、自分のすべてを受け入れる方向にあるとき、とても満ち足りた感じがするのも至極当然のことなのです。

宇宙はすべてを受け入れている。つまりあなたのどこも排除する必要などないということ。あなたのすべてが宇宙には必要なのです。

宇宙の法則 その3
宇宙には、足りないものはない

宇宙の法則を
知らない人

▽

自分の足りないものを満たさない限り、
幸せになれないと思い込んでいる

宇宙の法則を
知っている人

▼

必要なものはすべて持っていると
自分を信頼している

かつて、宇宙にある星の数を数えた科学者がいたそうで、その数は、地球上にあるすべての砂粒の数以上だったそうです。

地球上にあるすべての砂粒って、一体何粒？

コップ一杯の砂粒だって、数えたら何時間かかることやら。

まして地球上のすべての砂粒なんて、数えられるレベルじゃないですよね。

地球だけでものすごい資源があるのに、宇宙にあるすべての星々を合わせたら、一体どれほどの豊かさになるのか想像さえできません。

私たちにとってはとてつもなく大きく感じる地球でさえ、太陽系宇宙の全質量の〇・一％にも満たないそうです。その太陽系宇宙も、天の川銀河から見てみれば、はずれのほうのごくごく小さな宇宙です。

しかも天の川銀河のような銀河は、この宇宙に一千億以上あると言われています。

そんな小さな小さな塵《ちり》以下の大きさの星の、七十億人いる人間の一人があなたなのです。

その一人は、もちろん偉大なる一人ではあります。

でも、そんな小さな存在を満たすことなんて、宇宙からすればまばたきするよりカンタンなことなんだということが納得できればできるほど、あなたは「不足」という幻想から自由になります。

万物の生みの親である宇宙からすれば、あなた一人を満たすことなど、どうってことないんです。

この宇宙に足りないものなどありません。

つまり、「足りない」とか、「ない」ということは、宇宙からすれば、あり得ないことなのです。

たとえ今、あなたが何かを手に入れていなかったとしても、「すべてある」に波長が合ってさえいれば、必要なものは自然にあなたに流れ込んでくるでしょう。

「足りない」「ない」に意識を向けて、それを埋めようといくら頑張ってもなかなかうまくいかなかったのは、最初のボタンをかけ違えていたからです。

満たされないことのほうが不自然なんです。

満たされて当然なのです。

宇宙の法則 その4

宇宙に問題は存在しない

宇宙の法則を知らない人

▽

「問題点」に波長を合わせているので問題ばかり起き、ますます問題化する

宇宙の法則を知っている人

▼

自然に解決するか、逆にその出来事が幸いする

宇宙で起こることは、起こるべくして起こっています。たとえば、超新星爆発が起こって、巨大な恒星が木っ端みじんに砕け散ったとしても、それによって、新しい元素が宇宙に拡散し、宇宙はさらに豊かになるだけです。

それは大惨事でも、大災害でもありません。

解決しなければならない問題など、どこにもないのです。

人間が生き延びるという観点からすれば、大雨や嵐は、「災害」と名づけられ、怖※れられますが、それさえも宇宙から見れば、起こるべきことが起こっているだけです。

宇宙にしてみれば、人類を罰しようとか、攻撃しようとか、絶滅させようとか、そんな意図があるわけではありません。

ただ私たち人間だけが、何かを「問題」だととらえているにすぎません。

以前、面白い実験をしたことがありました。温泉に泊まったとき、部屋のテラスにパソコンを出してブログを更新していました。すると山の中だったので、体のあちこちを蚊に刺されてしまいました。その刺された箇所に対して三種類の対応をし、どの方法が一番早くきれいに治るか実験したのです。

一つ目はかかずに虫刺されの薬を塗る。二つ目はかゆくなったらかいて、すぐに薬を塗る。三つ目は、何もしないでそのまま放置する。

このうちのどれが一番早くきれいに治ったと思いますか?

何と、何もしなかった三番目が一番早くきれいに治ったのです。引っかいて、薬を塗る対応をしたのが一番治りが遅かった。

私たちが、何かを問題だととらえて騒ぎ立て、右往左往することは、蚊に刺されたところを引っかいて薬を塗るのと似ています。引っかきまわすから、かえって問題が大きくなり、傷跡が残ることになってしまうのです。

私の知人で不登校の子どものカウンセリングをしている人は、「学校に行かないなんて、君は勇気がある。なかなか見どころがあるよ。君のような人こそ社会には必要なんだよ」と言うそうです。方便ではなく、本当にそう思うから言っているんですよ。そうやって「何も問題なんてない」っていうスタンスでつき合っていくと、誰とも話をしなかった子どもが心を開き、学校に行くようになることも多いのだそうです。

起こっていることを受け入れてしまえば、宇宙が自然に最高最善に導いてくれる。

それを信頼できるかどうかなんですよね。

つまり、問題だととらえることのほうが、最大の問題だということ。

出来事を、問題にするのもしないのも、あなたの自由なのです。

※何かを「こわがる」状態を表す「おそれ」を漢字で書くには、「恐れ」と「怖れ」の二通りの書き方があり、一般的には「恐れ」を使う場合が多いようです。しかし、ここでは、心の中で作られる幻想に基づく「怖れ」のニュアンスを出したいと思い、ブログでもずっと使ってきた「怖れ」の表記を使います。

宇宙の法則 その5

宇宙は不可知である

宇宙の法則を知らない人

▽

出来事を解釈しようとして、かえってがんじがらめになる

宇宙の法則を知っている人

▼

すべてを知ろうとしないので、いつでも自由でHappy!

太陽系宇宙の中で、人類が地球以外に足を踏み入れたことがあるのは、わずかに衛星である月だけです。ほかの星には、探査機が着陸したことはあっても、実際に行った人はいません。

天の川銀河のような銀河が一千億もあるというこの宇宙のほかに、実は、さらに別の宇宙が違う時空に広がっているという可能性を示唆する学者もいます。

もしそうだとしたら、宇宙はますます無限そのもの。

そのすべてを知ることなど、何度生まれ変わったところでできません。

この無限に広がる宇宙の中で、私たちが知り得ていることなんて、ごくごくわずかなものでしかないのです。つまり、宇宙は不可知＝知り得ることのできないものだということです。

すべてを知ることなどできない。知ろうとしても限られたことしか知ることができない。それなのに私たちは、自分に起こることのすべての意味を知ろうとします。

たとえば、せっかく彼とつき合いはじめたのに、彼が転勤になり、遠距離恋愛をしなければならなくなったとします。すると人は、どうしてこういうことになっちゃったんだろう？　って思います。

これは、やっぱりこの人が本当のパートナーじゃないってことなのかな？　もしかしたらそうかもしれません。

でも、そうじゃないかもしれない。しょっちゅう会えなくなることによって、愛を深めるという体験をさせられているのかもしれない。

そんなこと、いくら考えたってわかりっこないのに考え込んでしまう。

本当のパートナーじゃないのなら、深入りする前に自然消滅させようとしたり、愛を深めることが転勤する意味だとしたら、積極的に愛を伝えようと思ったりする。

なぜ意味を知ろうとするかと言えば、意味を知ることで状況をコントロールできると思うからなんですよね。

でも、本当の意味なんて知りようがない。わかりっこないのにコントロールなんてできるでしょうか？

目的地がどこか知らないのに、車を運転しようとしたらどうなると思いますか？道に迷い、無駄に走りまわってヘトヘトになる可能性が高くなると思いませんか？

つまり、知り得るはずのない意味を知った気になって、コントロールしようとすればするほど、混乱し、葛藤するだけなんです。

宇宙だけが行き先を知っているんです。あなたにはわからないかもしれませんが、**宇宙は常に最高最善に導こうとしています。**だからハンドルは宇宙に委ねればいい。

意味を知ることに無駄なエネルギーを費やす必要はありません。

起こることに対して、その時点でのあなたにできることをするだけでいいんです。

宇宙の法則 その6
宇宙はあなたを無限に愛している

宇宙の法則を知らない人

▽

愛を渇望しているので、ますます愛が遠のく

宇宙の法則を知っている人

▼

宇宙の自動操縦に身を任せているので、楽に最高最善に導かれる

宇宙はあなたを生み出した源《みなもと》です。あなただけでなく、すべてのものが宇宙から生み出されました。そしてすべてのものが宇宙とつながっています。ですから、宇宙はこの世界に起こっているすべてを「自分のこと」として体験してもいるのです。

あなたが人間として体験しているすべてのことも、もちろん宇宙は知っています。
あなたが悲しいときは、宇宙はあなた以上にその痛みを感じています。
あなたがうれしいときは、宇宙は誰よりも歓んでいます。

宇宙はあなたのような存在を生み出したくてこの世に生み出し、人間であるあなたのすべてを慈しみ、愛しています。

宇宙にとってあなたは「他人」ではないのです。

宇宙には、すべては一つ＝ワンネスという意識しかありません。

宇宙にとっては「他」など存在しないのです。

すべてが一つであるとき、そこにあるのは愛のみです。
愛する対象があるから愛するというレベルの愛ではなく、何もかもが愛であるという圧倒的な究極の愛しか宇宙にはないのです。

この愛は、人間の無条件の愛さえも凌駕《りょうが》しています。

そんな宇宙の愛が、いつもあなたに向かって降り注がれているのです。
どんなときも、あなたを愛し、導いています。
あなたがそれに気づこうと、気づくまいと、お構いなし。
あなたがそれに感謝しようと、恨もうと、その愛はまったく変わりません。
裁いたり、罰したり、反省を求めたりしない。

ただ愛するのみ。

あなたはこれまで、自分は誰からも愛されなかったと思ってきたかもしれませんが、それは真実ではありません。**あなたはどの瞬間も宇宙に愛されていた。それこそが真実です。**

もしもあなたがそこに波長を合わせるなら、言葉では言い表せない至福を感じるでしょう。

ですから、宇宙を信頼し、宇宙にハンドルを委ねても、絶対にあなたを悪いようにするはずがありません。むしろあなたがハンドルを握る以上にスムーズに、楽に、ものごとが展開していって当たり前なのです。

宇宙の法則 その7
宇宙とあなたはつながっている

宇宙の法則を知らない人
▽
「この世界は敵だらけ」と、いつも身構え、安心できない

宇宙の法則を知っている人
▼
宇宙とつながる自分を信じて、魂の聖なる衝動に身を任せる

ここまで読み進んでこられたあなたは、宇宙のしくみがだいぶわかってこられたのではないでしょうか。

宇宙≧(大なりイコール)あなた　という図式がわかれば、こんなふうに言えるかもしれません。

あなたの源は宇宙であり、あなたは無限の宇宙の表れの一つであり、別々のものではありません。

あなたに限らず、すべてのものが一つで、本質的に切り離すことはできません。

もし、「そんなはずはない！」とあなたが反応するのならば、実は、それも宇宙のもくろみ通りです。

だって、私たちはすべてを忘れて、思い出すという旅をしているのだから。

そして、忘れても立ち返ることができるように、魂が宇宙とつながっています。

魂は胸の中央の奥にエネルギーとして存在しています。私たちが死んで、肉体が滅びても、魂は残ります。それは最も純粋な命の原形であり、決して傷つくことも欠けることもない無限の光です。

思考が言うもっともらしいことが、宇宙の流れとは違うものであることを、魂は知っています。宇宙があなたを通して表現しようとしていることに気づいています。そして論理も根拠も超え、聖なる衝動としてあなたを突き動かそうとします。

そのとき、自分を宇宙から切り離された無力な「個」だと思っているエゴは、何の保証もないのに、そんなものに飛び込むことは危険だと警告を発します。

そんなことをやって、生きていけるのか。社会から受け入れてもらえなくなるぞ。

あなたの中には不安が渦巻く一方で、魂がやろうとしていることに、何だか知らないけれど、とてつもない魅力を感じる。

それは単なる快楽の追求や怖れからの衝動的な逃避ではなく、ただただ心の底から湧き上がる歓びに根差しています。

今まで、安全確実で、間違いないものを選ぶことが成功の秘訣のように教えられてきたかもしれませんが、魂は容赦なくその逆のことに飛び込ませようとします。魂は知っているんです。安全確実なんて、本当の力を窒息させる牢獄でしかないことを。

宇宙にはそもそも問題も間違いもありません。
何も排除せず、何の不足もない。
だから何の保証も必要としていません。
ただ愛そのものでしかない。

宇宙の流れに乗りたいのだとしたら、魂の聖なる衝動に身を任せることです。
そして握りしめているいかなるものをも手放したとき、背中に羽が生え、宇宙という浮力があなたを高く飛翔させ、すべてがうまく動き出します。

宇宙の法則 その8
すべては波動でできている

宇宙の法則を知らない人

▽

幻の姿を現実だと勘違いし、
一喜一憂して格闘する

宇宙の法則を知っている人

▼

自分の意識を自由に変え、
望んだ道を歩いている

この本を読んでいるみなさんなら、「波動」という言葉にピンとくる方も多いでしょう。でも、スピリチュアルな話ではなく、量子力学の分野でも、すべてのものは素粒子でできており、特有の波動であることで、あるカタチや性質を帯びているように見えると言われています。

私たちにも、「人間」というカタチがあるように見えますが、究極的にはすべては波動に還元されるということなのです。

つまり、一人ひとりは波動でできていて、カタチというのは見かけだけの幻です。

物質だけでなく、私たちの意識も突き詰めれば波動と言えます。

あなたの意識がどのような波動であるかによって、それに応じたカタチや体験という幻想が映し出されるのです。

つまり、あなたが人生だと思って体験していることは、あなたの意識をフィルムに焼きつけた映画のようなものだということです。

映画館で映画を見ているとき、誰もそれを、フィルムが光源から映されることで見える色やカタチの寄せ集めと思って見ることはありませんよね。

主人公に感情移入し、一緒に笑ったり、ハラハラドキドキしたりする。そのことを楽しみますよね。

私たちの人生もそれと同じなんです。

実はそこに実体はなく、あなたの意識の波動に応じたものがカタチとして現れているように見えるだけです。

でもあまりによくできているので、それが幻想だということを忘れて、「うれしい！」とか「悲しい！」などとのめり込んでしまう。

そしてフィルム自体を変えなければストーリーを変えることはできないのに、躍起になってその幻影と格闘してしまうのです。

ではどうすればフィルムをかけ替えられるのか？

そのためには**あなたの意識を変えればいいのです。**意識の波動を焼きつけたものがフィルムなわけですから、意識を変えることで、いくらでも好きなストーリーに変えられるのです。

実は、あらゆる可能性の分だけ無数にフィルムは存在しています。しかも、別な時空にすべてのフィルムが同時上映されているようなものなのです。それをパラレルワールドと言う場合もあります。つまり、**別なストーリーのフィルムは単なる可能性として存在しているわけではなく、実際に起こっていることとも言えるわけです。**

その同時上映されているフィルムの中で、あなたの今の意識の周波数に合ったものが映写機にかけられているだけなのです。

このカラクリさえわかれば、私たちは自由にフィルムのかけ替えが可能になり、まったく違った人生を体験することもできるのです。

このことについては、後の章で具体的にお話ししたいと思います。

第二章

「怖れ」の正体を知り、味方につける

「怖れ」の回路から自由になると、宇宙の流れに乗れる

第一章では、宇宙の流れのしくみについて見てきました。

宇宙はあるがままで完全なものとして私たちを生み出し、足りないものなどなく、問題もないということを頭では理解できても、どうして自分には何かが足りないと思ったり、この先うまくいくのか不安になってしまったりするのでしょうか?

それは、私たちには怖れの回路があるからです。

うまくいかない可能性、失敗する可能性、見捨てられる可能性……。

まだそれが起こっていないにもかかわらず、そうなる危険性をそこに見て、それに備えることによって、自分を守ろうとする回路が私たちにあるからです。

「逆転の法則」に入る前に、この「怖れ」をよく把握しましょう。

怖れはちょっと厄介なものに思えるかもしれませんが、どういうものなのかしっかりと把握さえしてしまえば、ちょっと心配性だけれど、いつもあなたの命を守ってくれるヒーローみたいな存在になってくれるでしょう。

また、怖れをじっくり見極めることができれば、怖れの奥にある真実に至ることもできる、いわばダイヤモンドの原石のようなものでもあることもわかるでしょう。

この章では、怖れとは何か、どうつき合っていけばいいのかなどについて、お話ししていこうと思います。

怖れの法則 その1

怖れるのは、あなたに問題があるからじゃない

「怖れ」に翻弄《ほんろう》される人

▽

「怖れ」は育った環境や性格のせいだ！と、自分を責める

「怖れ」を味方につける人

▼

「怖れ」がDNAに組み込まれていることを理解してつき合う

あなたが狭い道を歩いているとき、後ろから車が走って来る音が聞こえたら、振り返って車の位置を確かめませんか?

そして車とぶつからない位置に移動しようとしませんか?

みなさんそうされますよね。

当然です。もし車が来ているのに、道の真ん中をそのまま歩いていたら危険です。だからあなたは反射的に車の位置を確認し、車とぶつからない位置に移動しようとしたのです。

これはあなたの中に、危険性を事前に察知して、それを防ごうとする怖れの回路があるからできることなんです。

人類がこの地上に誕生したのは、学説にもよりますが、約七百万年前だと言われています。そこからつい七十年ほど前まで、私たち日本人も戦火の中にありました。

天変地異、災害、外敵からの攻撃、疾病、飢餓など、明日もちゃんとご飯を食べることができ、生き延びられるという保証がない状態がこれだけ長く続いてきたので、それまでは、「生き残ること」が何よりも最優先されることだったのです。自己実現なんて悠長なことを言っている余裕なんてありませんでした。危険を事前に予測して備えることが何よりも大事なことだったのです。

ですから私たちのDNAには、怖れの回路ができた。

その回路があることで、絶滅せずに今日まで生き延びることができたのです。

現在、先進国は比較的安全ですが、それでも命を奪われる危険性がまったくなくなったわけではありません。地球上には紛争や飢餓に苦しむ人たちがたくさんいます。

現代の日本に住む私たちは、明日命が奪われるかもしれないという差し迫った危険性がかなり低くなりました。

それにもかかわらず、怖れの回路はいまだに優位に働いています。

これまでは「生きものとして生き残る」ために怖れの回路が働いていたのが、今度は「社会で生き残ること」に取って代わったのです。だから、社会で生き残るために何かやろうとしても、うまくいかない可能性のほうに意識がいってしまうし、仮にうまくいったとしても、それが続かない不安にとらわれてしまう。そうやって、あらゆる危険性をできる限り事前に想定し、備えようとしてしまうのです。

あなたが不安になるのは、あなたに根性や勇気が足りないからではありません。あなたの育った環境や性格に問題があるからではありません。生き延びるための怖れの回路がＤＮＡにあるからです。

ですから、何かやろうとしたときに不安になってしまう自分を、どうか責めないでくださいね。

怖れの法則 その2

怖れは必要なものだと受け入れる

「怖れ」に翻弄《ほんろう》される人

▽

「怖れ」をなくそうとあがいて、かえって追い詰められる

「怖れ」を味方につける人

▼

「怖れ」の存在に感謝し、素直に受け入れる

怖れは、ＤＮＡに組み込まれた、生き延びるために必要な回路です。

それなのに、それを排除しようとすることは、宇宙の流れに逆らうことになってしまいます。

流れに逆らうと、本来の流れに戻そうとする反作用の力が働くので、怖れをなくそうとすればするほど、ますます怖れにとらわれ、抜け出せなくなってしまうのです。


ということは、怖れは必要なものだと受け入れてしまえばいい。


それはあって当然のもの。

誰にでもあるもの。

怖れが自分を危険から守ろうとしてくれているんだな。

ありがたいなあというスタンスに立ってみる。


たとえば、天井から水がポタポタ落ちる音がしたら、水漏れしてるのかしら？って思って調べようとしますよね。

どこかで何かが燃えている異臭を感じたら、火事かもしれないと周囲を確認しますよね。

もしもそんな危険を察知できなければ、命取りになってしまいます。

怖れの回路は、命を守るために必要なものなのです。


だから、なくそう、消えてもらおうと思わずに、これもこれでありがたいものなんだと思うと、怖れはにわかに鎮まります。

受け入れてもらえて、居場所ができると、暴れなくなるのです。

「怖れ」は、反抗期の子どもと同じかもしれません。


怖れが生じたら、それを消そうとせずに、怖れを感じていることを受け入れる。

受け入れれば、怖れと距離ができます。

そして距離を持って見守ることができれば、巻き込まれたり、振りまわされたりすることも少なくなります。

そうするうちに、怖れはあなたの命を守る、とても有能な執事になってくれます。

でもあくまでも彼は執事なんです。ご主人様ではありません。

あなたが主導権を握って、必要なときだけ活躍してもらうようにすることができれば、怖れはあなたのとても頼もしい味方になってくれるでしょう。

怖れの法則 その3

怖れをよく見れば、それが妄想だと気づく

「怖れ」に翻弄《ほんろう》される人

▽

勝手に作り出された「怖れ」の幻影におびえる

「怖れ」を味方につける人

▼

「怖れ」の正体を見極め、やりたいことを実現できる

人が怖れにとらわれるのは、一つには、前述のように、それを消そうとするからなのですが、もう一つは、よく見ないことによって、勝手に妄想が膨らんでしまうからです。

ということは、逆に言えば、怖れを本当に怖れるに足るものなのかどうか、よく見てみればいいわけです。

たとえば、大好きなヒーリングを仕事にしようと決めたけれど、本当にお客様なんて来るのかな？ そのうち無一文になっちゃって、借金を抱えてしまうんじゃないかって思ったとします。

そういう怖れが襲ってくると、その時点で、一歩踏み出すことをやめてしまう人も結構多いです。

でもちょっと待ってください。

好きなことを仕事にすると、本当に無一文になるのでしょうか？

その可能性が本当に高いのかどうかよく見つめてみればいい。


まず貯金がいくばくかあり、当面生きていくことぐらいはできる。

すぐには難しいかもしれないけれど、誰か一人くらいお客様になってくれる人はいるはずだ。

大きな広告を打つお金はないけれど、知人・友人に、片っ端からメールで「こんなことやります。ぜひ来てください」ってお知らせすることぐらいはできる。住所がわかる人には、はがきを出せばいい。

スーパーや信用金庫の掲示板に張り紙を出せるかもしれない。交渉してみよう。

最初に来てくれたお客様をとても大事にして、心を込めてやれば、その方がまたほかの方を紹介してくれるかもしれない。

もしもこの仕事であまり収入が得られなくても、お金を稼ぐだけのことなら、何かアルバイトをやったっていい。

今までのスキルを生かして、転職することだってできるだろう。

ここまで考えると、「なあ〜んだ、大丈夫！　借金抱えて無一文になんてならないよ」ってわかりますね。

私も同じ道を通ってきました。開業した当初はメールやはがきを出し、来てくださった方お一人おひとりを大事にすることからはじめました。セッションができるイベントがあれば、どこにでも飛んでいきました。朝の四時に起きて新幹線の始発に乗り、大阪のイベントに出て、夜の十一時に日帰りするということもありました。

できそうなことを一歩一歩やっただけ。特別なことなど何もしていません。不安があってもそのたびに、それを受け入れて続けてきただけです。

何度も言いますが、**怖れとは、もともと生きるために必要なもの。命を守るという強い使命感があるからこそ、極度の心配性であるだけです。**

だからこそ、本当に怖れるに足ることなのかどうか、よく見る。

よく見れば、いかにそれが妄想にすぎないかに気づきます。

怖れの法則 その4

動き出しさえすれば、怖れにはとらわれない

「怖れ」に翻弄《ほんろう》される人

▽

その状況になる前から、妄想を膨らませて不安を増殖させる

「怖れ」を味方につける人

▼

考え込まずに、できることをするので、怖れに飲み込まれない

怖れの回路には、危険を事前に察知して、それに備える役割があります。ということは、まだ怖れるような状況にはなっていないのに、それを妄想することで生じるわけです。つまり怖れは、頭でっかちの妄想好きってことです。

妄想が膨らんでいるときって、たいていじっとしていませんか？

彼とボーリングしているときは楽しかったのに、家に帰って一人になってソファに腰かけてボーッとしていたら、急に「この先も彼とずっとうまくいくかな？　そのうちお前なんてつまらないんだよって思われたりしないかな」なんて不安がよぎる……。

そうです。

怖れは、動かずに頭で考えごとをしているときに膨らむものなのです。

だとしたら、動けばいいんです。

空気のいい場所を散歩してもいい。
部屋の掃除をしてもいい。
お洗濯してもいい。
ゴミを捨てに行ってもいい。
誰か友だちに会いに行ってもいい。
それが難しいなら、家の外に出て、ただ大きく伸びをするだけでもいい。

動き出すとエネルギーが変わります。

内側に沈んでいくような流れが、外に向かって発散されます。

エネルギーが動けば、自分にはまだできることがたくさんあるとわかったり、怖れが妄想にすぎないということに気づきやすくなったりします。

そして、考え込んでいるよりも、あなたにできることは何でもすることです。できることがあるなら思い切ってやってしまうに限ります。

ちょっとでも動き出せば、その弾みで意外にいろいろなことができてしまいます。

私はこの仕事をはじめたころ、地元の観光協会を訪ねたことがありました。地域のイベントがあるときに、ヒーリングの個人セッションをやらせてもらう機会があればやらせてくださいってお願いしに行ったのです。

そもそも観光と私のしていることはあまり関係ないのですが、とにかくセッションをやれる場があれば、どこでもやりたかったので、ものは試しで行ってみたのです。

すると、観光協会のおじさんは、「透視リーディング」のセッションをしたいんだって言ったら、「投資ディーリング」と勘違いして、最初は話が全然かみ合いませんでした（笑）。

でも試しにおじさんをリーディングしたら、えらく喜んでくれて、観光協会加入が決まり、駅前の観光協会のブースに、私のチラシを置く許可をもらいました。

ところが不思議なんですが、そういう話が決まった直後から、またセッションのお客様が増えはじめ、わざわざチラシをブースに置く必要もなくなったのです。

動いたことで、それが直接的には役に立たないこともあるんです。

でも、そんなことを気にする必要はありません。

なぜなら、エネルギーが動くこと自体に意味があるから。

エネルギーが動けば、宇宙から注がれる恩寵の通路をエネルギーが行き来しますから、煙突掃除をしているのと同じことになります。それによって通路がきれいになり、つながりが強くなります。

すると、思わぬところからミラクルがやってきて、一気にステージが変わるということもよくあります。

だからやったことの結果を気にする必要もない。

これをやってどうなるという期待もしなくていい。まずはあなたができることからエネルギーを動かしてみる。

それだけで、勝手に宇宙が扉を開いてくれます。

怖れの法則 その5

怖れの奥にはダイヤモンドがある

「怖れ」に
翻弄《ほんろう》される人

▽

怖れを遠ざけようとするばかりで同じ轍《てつ》を踏み、成長できない

「怖れ」を
味方に
つける人

▼

怖れの奥の真実を見つけて飛躍する

現実的には怖れるに足らないと頭ではわかっても、それでもどうしても怖いと感じることもありますよね。

そういうときは、実はあなたに大きなチャンスが訪れているのです。

その怖れを通して、もうすぐ真実に至ることができます。

そして真実に至ることによって、もうその怖れにとらわれなくなります。ですから私はそういうときほど、怖れととことん向き合ってみることをお勧めしています。


ここで、そのやり方についてご説明しますね。

✦ ✦ ✦

まずテレビもラジオも、音楽も消します。

ネットも携帯もOFFにします。

そして一人になれる場所で、自分に質問をはじめます。

「私は一体何をそんなに怖れているのだろう？」

いろいろな考えが浮かんできます。

お金がなくなって、ご飯が食べられなくなったら困る。

友だちや家族、周囲の人に見捨てられたら困る。

人生が破たんしたら困る。


「では本当はどうだったらいいと思っているのだろう?」

それはもちろん生活に不自由しないだけの十分なお金が入ってきたらいいと思っている。友だちや家族、好きな仲間に囲まれて楽しく暮らしたい……。

いかにももっともらしい答えだけれど、何だかどうもしっくりこない。


「私には本当にそれだけの力がないのだろうか?」

「私は、自分をどう思っているのだろう?」

たくさんの答えが浮かんでくるのですが、やっぱりしっくりこない。

するとそのうちに飽きてきて、ご飯食べたいとか、メールの返事をしなきゃとか、別な用事をしたくなります。もしそういうものがあれば、それをやってもいいです。

でもまた質問に戻ります。

本当はどう思っているのだろうか?

私は何をそんなに怖れているのか?

ずっとずっと心の声を聞いていきます。

いろいろな答えが浮かぶけれど、どれも本当の答えではないような気がする。

そう。これまで出した答えは、頭で出した答えだった。いかにもつじつまが合っていそうでしっくりこなかったのは、ハートからくる答えではなかったからなんです。

そのうち、まったく答えが浮かばなくなります。

頭が真っ白になり、その瞬間、やっとハートにつながります。

そして突然、真実が落雷のようにズドーンと落ちてきます。

そうか！　そうだったんだ！

私は、私を誤解していたのだ。

✦ ✦ ✦

どう誤解していたかは実際にあなたがやってみて気づくことで、模範解答はありません。

ここでこんなことに気づくよって例をあげると、あなたの頭を刺激してしまい、ハートにつながることを妨げてしまうので、例もあげません。

自分でやってこそ、その気づきが、すばらしい体験になるのです。

今までに私は、仲間とこの方法をやりましたが、その答えはそれぞれでした。

それがどういう答えであっても、それはその人にとっての真実だと感じました。

そして自分への誤解に気づいた途端に、不思議にもう一つの真実に至ります。

自分の本当の望みが何だったのかに気づくのです。

その望みも人それぞれ。あなたが本当に望んでいることは、頭で考えていた望みとは全然違う場合もあります。「何かになる」ことではない場合もあります。

本当の望みを知ると、人生は自動的に軌道修正されます。

私と一緒にやった仲間たちもその真実に突き動かされ、人生が変わりました。

このプロセスには、数日かかることもあります。「もうやめちゃおうかな？」と思うかもしれません。でもそれだけの時間をかけてやり遂げる価値があります。

私が初めてこのプロセスにトライしたとき、これまでの自分の気づきがいかに浅かったかを思い知らされました。

わかったつもりになっていたけれど、本当は何もわかっていなかったのだと。

けれど、深いところにあった真実に気づいたとき、もう同じことでつまずかなくなりました。

自分をさらに信頼できるようになったのです。

もしも怖れの奥にある真実を知らないままでいると、この先も同じようなタイミングで何度も何度もあなたは怖くなり、戸惑い続けます。そしてそのたびに、ものすごく時間と労力を使うことになるでしょう。

内なる旅は、数日かかることもありますが、それでも堂々巡りを繰り返すことに比べれば、ずっと早く自由になることができると思います。

怖れは、真実というダイヤモンドの原石を見つける取っかかりなんです。

だから無視したり、抑圧したり、顔を背けたりせず、受け入れて、さらにその奥まで進んでしまえばいい。

そのとき本当に自由になることができます。

第三章

「逆転の法則」で引き寄せ以上の望みを手に入れる

「逆転の法則」は、この世で最強の自然法則

さて、第一章で宇宙はどういう流れに沿って動いているのかを見てきました。

そして第二章では、その宇宙の流れに逆らってしまう人類のＤＮＡに潜む怖れの回路とはどういうもので、それに振りまわされないためには何ができるかということを見てきました。

この第三章では、いよいよそれらを踏まえ、「逆転の法則」についてお話ししていきます。


宇宙の逆転の法則とは、何かを目指して引き寄せる法則ではありません。

引き寄せ以上の恩寵を受け取る法則です。

何かを欲しいと思うとき、それが自分には「ない」という意識から求めますよね。

でも宇宙には「足りないものはない」のでしたよね。

それなのに「足りない」に意識を向けるということは、流れに逆らうことになるから、うまくいかなかったのです。

仮に手に入ったとしても、望んだものしか手に入りません。それは、三六〇度全方向から受け取れるものがあるうちの、一度の角度からしか恩寵が入ってこないようなものなのです。


けれども、無限にあなたを愛している宇宙を信頼して委ねれば、三六〇度どこからでも恩寵が降り注ぎます。そして、結果的には望んだ以上のものがもたらされ、いちいち願わなくても、常に最高最善のものが入ってくるようになってきます。

たとえば、こんな話を聞いたことはありませんか？

ある人が「今年中に絶対に結婚する！」と宣言し、婚活に励んでいました。考えつく限りの努力をし、神頼みまでしたのに成果は思わしくありません。あまりのことに疲れ切った彼女は、「もう、結婚なんてしてもしなくても、どっちでもいいや」と思い、いったん婚活をお休みすることにしました。そうすると、肩の力が抜けたからでしょうか。その後、出会った人と一気に話が進み、トントン拍子に結婚が決まったのです……。


こういうことって日常でもありますよね？

せっかく自分を幸せにしようと思って頑張っても、「ない」「足りない」「こんな自分ではいけない」が起点になっていたら、宇宙は与えたくて与えたくてたまらないのに、負の波動が現実化し、むしろ望んでいないことのほうが実現してしまいます。わざわざ自分でその流れをせき止めてしまっているようなものです。

でも、どうにかしようとするのをやめて、宇宙のなすがままになれば、あっという間に宇宙の恩寵が降り注ぎ、すべてが流れるようにうまくいきはじめるのです。

そんなすばらしいことが、本当に起こるのかって?

誰にでも起こることです。

つまり**逆転の法則とは、目指さない、求めない、こだわらないことによって、宇宙の流れに乗り、宇宙から無限に恩寵を受け取る道なのです。**

この章では、具体的に逆転の考え方を見ていきましょう。

逆転の法則 その1【願望】

あってもなくてもどっちでもよくなるほど、向こうからやってくる

逆転できない人

▽

欲しい欲しいと思う気持ちが強くて、かえって「ない」状態が現実化する

逆転できる人

▼

「ある」ことに感謝をして、想像以上の奇跡を受け取る

人はなぜ何かを追い求めるのでしょうか？
自分にはそれが必要だと思うからですよね。
それが必要だと思うということは、自分にはそれが「ない」「足りない」と思っているということですよね。

宇宙には足りないものなどありません。
あなたの意識が「ない」「足りない」にフォーカスしているのだとしたら、それは宇宙の流れに則《そく》していないことになります。宇宙の流れに則していないので、うまくいきません。

それどころか、すべては波動でできているため、三次元はその波動を映し出します。ですから、**「ない」にフォーカスすれば、「ない」が実現することになります。**

つまり、追い求めれば追い求めるほど、手に入れたいものは遠ざかるということに

なるのです。

逆に、追いかけるのをやめて、「ある」「満ち足りている」に意識をフォーカスするなら、宇宙の流れに則していますから、あなたが追いかけていた以上のものを、宇宙がもたらしてくれることになります。

これはすべてに通じることです。

お金でも、
愛でも、
仕事でも、
人間関係でも。

「ない」からはじまるなら、葛藤が生じて「ない」が実現し、

「ある」からはじまるなら、葛藤はなくなり、「ある」が実現するのです。

一読しただけでは、ちょっとわかりにくいかもしれませんね。

これからそれぞれの分野について、もう少し具体的にこの逆転の法則について見ていくことにしましょう。

逆転の法則 その2【お金】

お金のことを忘れれば忘れるほど、なだれのごとくお金が入ってくる

逆転できない人

▽

「どうしよう、お金がない」と思うので、お金が入ってこない

逆転できる人

▼

「大丈夫‼」とバカみたいに思うと、お金がどんどん流れ込んでくる

私がこの仕事をはじめたころ、その方が持っている本当の力を引き出すために、スピリチュアルな透視リーディングやヒーリングなどの個人セッションをやっていました（今はやっていません）。

税務署に開業届を出し、いよいよ仕事をはじめたその月に来たお客様は、わずか三人でした。

当時、セッション料金は一時間一万円だったので、その月の月収は三万円でした。でも私はうれしかったんですね。会社という組織の力を使わなくても、私がやりたいことをやったら、それに対して三万円もの対価を支払ってくれる人がいるんだと思うと、もううれしくてうれしくてしょうがなかった。

特売のときならカップ麺が一個六十八円くらいだから、三食カップ麺だったとしても一日約二百円。月に最低六千円もあれば何とかなる。あとの二万四千円で、電気代とガス代くらい払えるだろうって思った。

やった！　三万円もあれば、しばらくは貯金もあるから十分生きていけるじゃないかって思いました。

そんな調子で、毎日楽しくてたまらないなあと思いながらやっていたら、三カ月後には、月に二十五万円くらい稼げるようになりました。

もちろん、家での個人セッションだけでなく、イベントなど、セッションがやれるところがあるなら、どんなところへでも行きました。

三万円でうれしがっているくらいですから、二十五万円も入ったときには、さらに大喜び。自分は好きなことでこの先も生活できるようになると、勝手に確信しました。

そして、それからますます豊かさが流れ込むようになり、今に至るのです。

このエピソードでみなさんにお伝えしたいことは、私が「三万円もある」という

「ある」に意識をフォーカスしていたことです。「ある」に意識を集中することで、加速度的に「ある」に向かって、宇宙の恩寵がどんどん流れ込みました。

よく考えてみれば、毎日三食カップ麺を食べるなんてことは、あり得ない気もしますが、そんなことはどうでもいいのです。

意識を向けること自体に意味がある。やりようによっては何とかなるんじゃないかという「ある」状況に、バカみたいに意識を向けるだけでいいんです。そうすれば、「ある」が実現するだけのことです。

もし、お金が「ない」のなら、**お金が足りないと思う前に、このお金で何ができるかに意識を向ければいいのです。**

あるいは、お金がなくても生きていける可能性に意識を向ければ、お金はちゃんとついてきます。

逆転の法則 その3【愛】

愛されようとするのをやめると愛される

逆転できない人

▽

いつも他人の顔色を見て愛想笑いをし、着飾っても誰からも愛されない

逆転できる人

▼

カッコつけずに、正直にありのままでいると愛される

今、テレビで引っ張りダコのタレントさんたちの共通点は、まったく飾らないことですよね。

そのまま。

視聴者のご機嫌を取ろうとして、きれいごとを言うことはありません。それどころか、誰もが思っているのに言えないようなことをはっきり言う。本音で話す。

それなのに、彼らは支持されて、視聴率を稼いでいます。


人の魅力って不思議なものですが、取り繕ったり、隠したり、飾ったりすると、何も伝わらないものなんですよね。

どうしてだと思いますか？

もしも、その人が取り繕っているのだとしたら、ありのままの自分は人に受け入れてもらえないって思っているってことだからです。

ありのままでは受け入れてもらえないって思っているから、それが波動として相手に伝わってしまう。もっとはっきり言うと、「私は魅力のない人間です」って看板を背負って歩いているようなものなんです。だからせっかく頑張って装っているのに、何だかイマイチ愛されないんです。

宇宙はあなたを最高傑作としてこの世に誕生させたっていう話を覚えていますか？

あなたは最高傑作なんですよ！
どこもおかしくない。それどころかそんなあなたこそが魅力的なんです。
だから、変に気を使うのはやめて、そのままの自分でいてみてください。

無理にブランドものを身につけて着飾るよりも、私はこの服が大好きなんだって感じる服を着てみましょう。無理に愛想笑いをするのではなく、笑いたいときに笑いましょう。いやだと思ったときには、我慢に我慢を重ねて、もうこれ以上我慢ができなくなってしまってから、怒りとともに「いやだ！」って爆発させるのではなく、いやだなって思った瞬間に、素直に「いやだな」って言ってみてください。

あなたがそういう自分を受け入れている限り、他者はそれを映し出しますから、あなたが「いやだ」と言ったからといって、「性格悪いわね、フン！」などと言って去っていくことは決してありません。「そうなの。わかった」で終わります。

逆に、そのとき初めて、人はあなたと触れ合えた気がします。そのままでいるあなたの自由さに、とても魅力を感じるでしょう。

さらに、無理して取り繕わないと一緒にいられない人ではなく、一緒にいると楽しくて、互いにどんどん開かれていく人と、宇宙はますます出会わせてくれるようになります。

だから愛されようとする必要なんてありません。

ただ、あなたがあなたでありさえすればいい。

それに徹すれば徹するほど、あなたはとびきり魅力的に輝き、そんなあなたにふさわしいパートナーや仲間に恵まれるようになります。

逆転の法則 その4【感情】

落ち込むことをいやがらないと、大して落ち込まなくなる

逆転できない人

▽

「落ち込んじゃいけない」と焦れば焦るほど、底なし沼にはまる

逆転できる人

▼

「よーし、落ち込んじゃえ」と開き直り、あっという間に自由になる

あなたにも体験があるでしょう。

怒っちゃいけない、冷静に冷静に……って思うほど、ますます怒りが収まらなくなったり、あがっちゃいけないって思えば思うほど、ますますあがったりしたことが。


私も今ではたくさんの人の前で平気で話ができるようになりましたが、以前の私は、人前で話すときには、いつも緊張して手に汗をかいていました。

ワークショップに参加したときに、自己紹介するだけのことでもドッキドキ。

「大丈夫、大丈夫。いつも通り話せばいいんだから。ハイ、深呼吸深呼吸」って言い聞かせても、まったく効果ナシでした（笑）。


感情は自然なものです。あって当然のものです。

宇宙は何も排除しません。

だから、どんな感情も排除する必要はありません。

こんな感情はだめだ、感じたくないって排除することは、宇宙の流れにあらがうことなので、宇宙は正常な流れに引き戻そうとして、その感情を消すどころか、ますます強めて、なくすことのできないものなんだということを示そうとするのです。だから、いくら冷静になろうって思っても、逆効果なのです。


ということは、どんな感情が湧き起こってきても、

「今、怒っているんだな」

「寂しいって思っているんだな」

「つらいって感じているんだな」って
その感情を抑えつけずに、受け入れてしまえばいいのです。


腹が立つなら、茶碗の一個くらい割ってもいい。

泣きたくなったら泣いていい。

つらいなら、深いため息をついていい。

落ち込んだら、早くこの状況から脱しようとせずに、逆に「よ～し、落ち込んじゃえ」ってくらいでちょうどいいんです。そうすれば不思議と元気が出てきます。

感情は、どれも本当は美しいものです。
人間をやっているからこそ、感じることのできるものです。
悲しみを感じるから、歓びを感じることができる。
つらいことを体験したから、幸せとは何なのかがわかる。

すべて表裏一体。
どっちかだけってことはあり得ないもの。

どんな感情が起こっても追い出さないで、寄り添う。
寄り添えば、それは自然に鎮静化します。

逆転の法則 その5【人生】
どうなろうと宇宙にお任せだと手放すほど、うまくいく

逆転できない人

▽

「こうならないといやだ」と思い詰めて、うまくいかない

逆転できる人

▼

「どうにでもなれ」と宇宙にお任せして、自然にうまくいく

あるとき私の住んでいるマンションの駐車場の抽選会をするというお知らせが来ました。

ところが抽選会の当日はあいにく仕事で出張している日なので、参加できませんでした。お知らせには、抽選会に来ない人は、みんなが好きなところを選んだ後の、最後に残ったところになりますよと書いてあります。

そうなると、玄関から遠い不便な場所になってしまうかもしれないなあ。誰かに代理を頼もうか。一瞬そんな考えが頭をかすめたのですが、「ええい、どうにでもなれ！　宇宙にお任せだ」って思いました。

するとしばらく経ってからお知らせが来ました。

今回用意した月決めの駐車スペースは、抽選会に来たすべての人でちょうど埋まってしまいました。なので、あなたは月決めのスペース以外の、自由に停められる場所に停めてくださいと書いてあります。

私のマンションはリゾートタイプのマンションなので、定住者用の駐車スペースとリゾートでたまに来る人用の駐車スペースとが半々くらいあるのですが、そのリゾート用のスペースに停めてくれという意味です。

お正月やお盆には結構車がたくさん入りますが、正直言ってほとんど満車になったことはありません。それ以外のときはいつもガラ空きです。リゾート用の駐車スペースのほうが玄関に近いんです。

つまり、抽選会に出なかったのに、かえって便利な場所に、しかも空いているところに自由に停められることになったのです。

宇宙には問題なんてない、っていうのが宇宙の流れでしたよね。

「問題がある」って思い、それを何とかしなければと思って行動すればするほど、それはますます問題になっていく。解決するどころか、最悪の状態になることもある。

むしろ**問題なんてないんだから、「なるようになれ」ってコントロールを手放せば、宇宙が代わりにいいようにしてくれる。**

私はそういうことを何度も体験しました。

もしも何か手を打つのだとしても、それが問題だからやるのではなく、「自分にできることはやってみる」というスタンスでやるだけでいいのです。

行動を起こす起点がどこにあるかで、同じことをやっても結果が違ってきます。

それに、小さい人間の自分がじたばた何かやるよりも、無限の宇宙にやってもらったほうがずっとうまくいくに決まっていますものね。

逆転の法則 その6【成功】

戦略を練るより、やりたいことをやりまくったほうが成功する

逆転できない人

▽

「どうしても成功したい！」という思い込みが強く、なかなか成功しない

逆転できる人

▼

やりたいことを夢中でやっているうちに、気づいたら成功している

私は今の仕事をはじめるとき、「絶対成功しなきゃいやだ」とは思いませんでした。成功とかそんなことよりも、とにかくこの先の人生は本当にやりたいことだけやるぞって思っていたのです。個人セッションで、目の前に来る人の美しい魂の本質を伝え、それをスピリチュアルな方法で表に出すことが楽しくてしょうがなかったので、それをやりたい放題やろうと思っていました。

成功するために戦略を練ろうとか、誰か力のある人に近づいて応援してもらおうなどとか、全然考えませんでした。できることをやるだけでした。

だから最初の月に月収三万円でもうれしかったのだと思います。

ところが、私が最初にブログをはじめたころに、不思議なことがありました。今はもうブログをやめてしまったようですが、当時、ランキングでいつも圧倒的な一位のとても有名なパワーブロガーさんがいらっしゃいました。

ある日その人のブログを読んでいたら、左ブロックに「リスペクトブロガー」というコーナーがあって、同じように有名なパワーブロガーさんが名を連ねていました。すごいなあ。私もこういう人たちの仲間入りをしたいもんだと他人事のように思った翌日のことです。その方が、私のブログを面白いブログだと自分のブログで紹介してくれたのです。

ものすごく驚きました。へえ〜〜〜！　こんなことってあるんだって。

私から直接売り込んだわけでもなく、いつかお仲間になれたらうれしいなあという程度にちらっと思っただけなのに、本当に翌日に「リスペクトブロガー」のコーナーに私のブログも入っていたのでした。

その方のご紹介もあって、さらにめきめき読者が増え、今では月間百三十万アクセスもあるブログに成長しました。

目の前のことを楽しいから夢中でやっていただけなのに、宇宙はちゃんと応援してくれた。

絶対成功しなきゃいやだって思って頑張っていたわけではないのに、気づいたら成功していた。

それはきっと、「何かが足りない」とは思わなかったからだろうと思います。**この仕事ができる歓びにいつも意識がフォーカスされていたので、やっぱり「ある」がどんどん実現し、信じられないようなことが起こったのだと思います。**

私のワークショップの本質顕在化コースの参加者だったTちゃんは、恋愛がいつもうまくいきませんでした。それで、恋愛をどうにかしようとするのをやめて、大好きな瞑想に没頭することにしたのです。

とある瞑想会に出たとき、そこに以前から知っていた男性がいて、お互いに自然にひかれ合い、あっさりおつき合いするようになりました。今度はなぜかとてもスムーズ。しかも、二人でお互いの持ち味を生かした新しい瞑想会まで開催するようになりました。それが毎回好評なんです。

大好きなことに集中したら、すべてがうまくまわり出したのです。

絶対成功しなきゃいやだって思っているときは、成功してない自分はだめだって自分を否定しているってことですよね。ありのままではだめだって思うと、だめな自分がどんどん実現してしまう。でも、その執着を手放したら、逆に欲しかったものが向こうからやってくるのです。

あなたには、何も否定されるようなところなんてありません。

何しろ、あなたは宇宙の最高傑作ですからね。

だから何としても成功しなければと目を三角にしなくてもいい。

こんなにやっていて楽しいことをやらせてもらえて、自分は何て幸せなのだろうか

ということで胸をいっぱいにしていればいい。


そうすれば、またしても宇宙がミラクルを起こしてくれる。

だって宇宙はあなたをこよなく愛していますから。

あなたが「ある」の意識にフォーカスしていれば、いくらでも宇宙は恩寵を降り注いでくれるのです。

逆転の法則 その7【努力】

根拠、保証、意味を求めなくなるほど、大きな力が発揮できる

逆転できない人

▽

根拠にとらわれて疑い深くなり、パワーダウンする

逆転できる人

▼

パワフルになり、グングン人生がシフトしていく

もしも、人が本当に自分を愛しているかどうか、何らかのカタチで証明されないと信じられないとしたら、その人はずっと人を疑い続けなければならないでしょうね。
誰に会っても不安になり、怖れで心を開くこともできない。
どんどんハートが閉じて、生きることが苦痛になっていく。

でも逆に、愛しているかどうかなんて証明できることじゃない。そんなことよりも、人間には愛というものが「ある」ということを信じよう。相手がどう思っていようと、少なくとも、私は人を愛することはできる、という立場で生きたなら、その人はとても自由に生きられる。

根拠を求めれば求めるほど、窮屈で不自由になり、
根拠を手放せば手放すほど、強く自由に羽ばたけ、
生きたい方向に向かって飛んでいける。

本当は、この世に起こるどんなことも、証明できているようで証明できないものばかりです。

なぜなら、**宇宙には無限の可能性がありますから、明日には、それを覆すようなことだって起こる可能性があるんです。**

「絶対大丈夫だ」と確信するまで動かないのだとしたら、それだけで人生が終わってしまいます。

それより直感的にこれだと思ったら、まず飛び込んでみる。そのほうがずっと早いし、生きていて面白い。たとえ失敗しても、それによって逆に成功するポイントもつかめる。

グングン人生がシフトしていく。

「どうなるかわからないけれど、飛び込む」ことができれば、その瞬間に背中に羽が生える。

だから、最初から「根拠」という当てにならないものを手放してみる。

その代わりに、
そもそも完全で、
何も足りないものなどなくて、
何の問題もない宇宙を、
根拠もなく信じてみる価値があると思う。

私たちが宇宙を信頼して手を離せば、あなたの代わりに宇宙が、最高最善に自動的に導いてくれるのです。

逆転の法則 その8【知識】

知識にとらわれなくなるほど、達人になる

逆転できない人

▽

勉強すればするほど、知識にとらわれて頭でっかちになる

逆転できる人

▼

バカになればなるほど、あっさり流れに乗ることができる

あなたはいっぱい知識があって勉強ができる人のほうが優秀だと思っていませんか？　そして、世の中で成功するのは、そういう努力をした人なんだって思っていませんでしたか？

でも、生きるということは、知識でどうにかすることじゃないんです。

知識にとらわれると、かえって不自由になってしまう。

「このやり方は正しいのだろうか？」

「こういうときにはこう考えるべきだ」

などといった「正しさ」にとらわれて、身動きが取れなくなってしまう。

その上、知識がある分、わかった気になってしまい、心がついていっていないことに気づかないのです。

一方、知識にとらわれずバカになれる人は、素直に何でもやってみる。

よけいなことは考えない。

これをやったら、きっとこれが手に入るなどと期待もしない。
先のことも心配しない。
今これをやっていて魂の底から楽しいんだからそれでいいじゃないかって思える。
そして、やりたいことには躊躇《ちゅうちょ》せずどんどん飛び込める。

バカになれる人は、どんどん突き抜けていく。
知識よりも宇宙を全面的に信頼している。

ちょっとくらい「あれっ?」ってことが起こっても、これもこれで最善のことが起こっているんだろうと気にしない。
そして構わず好きなことをやってやってやりまくる。

何かを足りないと思わない。
何かを問題だと思わない。

自分のどこかがおかしいなどと決して思わない。
宇宙は私を愛していると信じて疑わない。
「私は完全に宇宙の流れに乗っている」と思い込んでいる。
だから当然、流れに乗ってどんどん人生が加速していくのです。

思えば、私もまさに突き抜けたバカでした。とにかく人の本質を透視し、そのすばらしさを伝え、その人の力を引き出すことが楽しくてたまりませんでした。
スピリチュアルの世界では、いろいろな資格をたくさん持っている人が結構います。でも私は最初に習った透視リーディング&ヒーリングの国際認定ヒーラーの資格くらいしか持っていません。しかもその初級コースの途中からあまりにも面白いので、先生に開業を申し出たくらいです。先生には「もっと勉強してからにしたら」って苦い顔をされましたし、一緒に習っていたほかのメンバーにも「私なんてまだそんなことする自信ないわ」って言われもしましたが、別に自信があったわけではありません。ただ単に楽しいからやりたいって気持ちに正直に従っただけです。

それに、宇宙とツーカーだったので、必要なことは宇宙から教えてもらえると思っていました。

セッションができるイベントがあれば交通費のことなど気にせず、全国どこにでも行きました。イベントに出展すると、通りがかった人が、「あなたがあまりに楽しそうだから、やってもらいたくなったの」と次々予約が入りました。そしてそのお客様が真鶴《まなづる》のサロンにも来てくださるようになり、お客様が増えていったのです。

本当に好きなことを、バカみたいにやり続けただけなのに、気づいたらこうして全国でワークショップが満席になり、本も出版させていただけるようになっていました。

あなたは、今まで、もっと勉強しなければいけないって思ってきたかもしれません。でも生きるってことに関しては知識なんて詰め込まなくていいんです。

バカになればなるほどいい。

もう目を三角にして、興味の湧かないことを勉強しなくていいんです。よかったですね。

第四章

「逆転の法則」実践トレーニング

やりたいと思わなければ、やらなくていい

ここまで読み進めてきたみなさんには、宇宙の法則や怖れの原因、そのつき合い方、そして、逆転の法則について理解していただけたことと思います。でも、具体的にどうすればいいの？　と思われる方のために、この章では、実際に逆転の法則を身につけるためのトレーニングの方法をお教えしたいと思います。

トレーニングといっても、毎日楽に行えるカンタンなことばかりです。しかも、やってみたければやればいいだけで、やる気が出ないならやらなくてもいいです。

この姿勢も宇宙の流れに沿ったあり方です。

私自身がそうでした。やってみたいと思ったことをやると、本当に効果が出ましたが、無理に「これをやらなければ」と思ったことは、うまくいきませんでした。

それはなぜなのか？


「これをやらないとだめ」＝私は不完全である、という意味だからです。

宇宙の最高傑作であるあなたに、どこかおかしいところなんてないんです。

それなのに自分を欠陥人間みたいに思うところからスタートしたら、足りないって思っていることがますます実現してしまうだけです。


だから、**何だか面白そうだな。これをやったらどんな感じがするのか体験してみたいなって思うときにやってってください。**

そしてそのスタンスでやれば、楽しいしうまくいくから、続けたくなる。

誰にも頼まれていないのに、勝手にやっちゃうようになるんです。

だから、決して、やりたいって思わないのに、やらないでくださいね。

実践その1
寝起きに「私はありのままで完全です」と心の中で唱える

実践できない人

▽

自分の欠けているところばかり気になって、怖れていることが実現する

実践できる人

▼

自分がありのままで完全なことを心から受け入れられる

逆転の法則に従って宇宙の流れに乗るために、何が一番大事なことでしょうか。
それは、自分がありのままで完全であるということを受け入れること以外にありません。

自分には足りないところがある、欠けているところがある。それを何とかしないと社会で生き残ることができない……。
こういった考え方は、どこかうまくいっていないところをいち早く見つけ、それに対応しようとする人類のＤＮＡに刻まれた怖れの回路に端を発しています。

怖れから何かをするから、怖れていることがむしろ実現してしまう。
葛藤や苦しみが生じる。

その怖れに対して何ができるかは第二章でお話ししました。

ところで、私たちには思い込みというものがあります。たとえばものすごく勉強をして成績が上位に食い込み、それによって人から一目置かれる経験をしてきた人がいたとします。

そういう成功体験があると、その人は「成功するために、頑張らなければならない」と思い込み、何でも頑張ろうとするようになる。

でもちょっと待ってくださいね。その人だって、その思い込みを最初から持っていたわけではありませんよね？　経験を繰り返すことによってそうだと信じるようになっただけのことです。

思い込みがそういうものであるならば、逆に言うと、信じたい価値観を自分に刷り込むことだって可能だということです。

つまり、**「自分がありのままで完全である」ということを自分に刷り込めばいいのです。**

それにはカンタンなことを続けるだけでいい。
毎朝、目が覚めて、まだ寝ぼけているときに、**寝たまま胸の中央に両手を重ね、「私はありのままで完全です」と心の中で唱えます。口に出してもいいですが、心の中で唱えたほうが深く浸透します。**

この寝ぼけている状態のときは、潜在意識につながりやすい意識状態です。だからこのタイミングで「私はありのままで完全です」と言うだけで、完全性が浸透しやすくなるのです。

もちろん寝起きのときだけではなく、目が覚めている状態でも、いつやっても構いません。毎日同じポーズで同じ言葉を繰り返すことを続けるうちに、完全であるという意識の波動に同調し、リセットしやすくなります。これは、やればやるほど浸透していきます。

実践その2
宇宙に向かって両手を広げ、「ありがとう」と言う

実践できない人
▽
背中を丸め、うつむきながら、起きてもいないことを心配する

実践できる人
▼
空を見上げて感謝の言葉を伝え、宇宙からミラクルを受け取る

人は落ち込んでいるとき、背中を丸め、うつむき、腕組みをします。
この姿勢を実際にやってみてください。胸を開かず閉ざしていますよね。
これは、宇宙からの恩寵を、エネルギー的にも拒絶してしまう姿勢です。

ということは、逆に**胸を開いて、両腕を空に向かって広げるポーズを取れば、宇宙の恩寵を受け取る態勢が整うのです。**

さらに、あなたが宇宙に対して感謝を伝えれば、ますます宇宙の流れに沿うことになります。

だから顔を上げて、胸を開き、両手を空に向かって広げながら、
「ありがとう♪」って言ってみましょう。

もちろん、何か宇宙の恩寵だと思えることがあったときにやってもいいのですが、

いつやってもいいんです。

スーパーで買い物をしているときに、ちょうど欲しかったアサリが特売になっていたら、その場で「ありがとう♪」って両手を広げて言っちゃっていいんです。

人に変な目で見られるんじゃないかと気にされる方もいらっしゃいますが、感謝は感じた瞬間に伝えるのが最も鮮度が高いのです。だからお構いなしにやってください。だいたい、人は自分のことに精いっぱいで、あなたのことなど気にしていません。

もしも、「何やってるんですか？」と聞かれたら、ここぞとばかりに、「宇宙に感謝を伝えているんです。これをするだけで、ますます幸せになるらしいですよ。あなたもやってみませんか？」って笑顔で教えてあげればいいんです（ついでに私の本の宣伝をしていただいても結構ですよ。笑）。

やってみればわかります。

何も問題なんてないじゃないか。

なんだ、勝手に起きてもいないことを心配していただけかって。

それに、人目を気にしない自分がますます面白くなってきて、あなたの波動は自動的にグングン上がり、ミラクルもどんどん起こるようになってきます。

落ち込んでいるときなどは、ぜひ、何も考えずに「ありがとう♪」をやってみてください。それだけで何だか力が湧いてきます。あなたの波動と姿勢が、落ち込む意識状態を作り出していただけだったのです。

こんなことに普通は感謝しないんじゃないの？　ってことにまで感謝できるようになってくると、達人の域に達し、宇宙とますますツーカーになってきます。

ですから遊び感覚で、いつでもどこでもやってみてください。

実践その3
困ったら、「大丈夫、絶対何とかなる」と言う

実践
できない人

▽

小さなトラブルを思い悩み、どんどん状況を悪化させる

実践
できる人

▼

「問題ない」とドンと構え、必ずどうにかなる

何度も言ってきましたが、宇宙には問題なんてないんです。

私たち人間のほうに、問題だととらえる思い込みがあるだけです。

そもそも問題なんてないんだから、何かを問題だと感じた途端に、それをリセットすればいいわけです。


そこで、**何か困ったことが起こったと感じたら、即座に口に出して言います。「大丈夫！　絶対何とかなる！」って力強く、確信を持って。**


そこに根拠はいりません。

根拠なんて必要ないでしょ。だって問題がないっていうのが宇宙の真理ですから。

証明や根拠を求めた途端に、疑いが実現してしまう。

だから無条件に「大丈夫！　絶対何とかなる！」って信頼していいんです。


そこに意識をフォーカスすれば、それが現実化する。

そしてどうなるかをいちいち心配しない。それは宇宙がやってくれる。

あなたは自分にできる最善を尽くせばいい。それは無理することやあくせくすることではなく、自分にできることをするだけのことです。


以前、インドでのトレーニングコースが終わって帰国するために、空港まで戻るタクシーを仲間と三人で予約したことがありました。現地から空港までは車で四時間もかかるので、結構な金額がかかります。

タクシーの支払いは、現地通貨であるルピー以外はだめだと言われましたが、滞在最終日に近かったので、ルピーを結構使い切ってしまっていて、必要な額が全然足りませんでした。支払いは翌日です。

そのとき、私は「大丈夫！　絶対何とかなる！」って言いました。

そしてもちろん、自分にできることはしました。ほかの仲間にルピーが余っていないか聞きました。でもほとんどの人が、インド以外では使えないルピーを早めに使い切っていて、貸せるほど残っている人はいませんでした。

それでも「大丈夫！　絶対何とかなる！」って思い続けていたら、何と翌日、そのタクシー会社はドルでの支払いも受けつけてくれたのです。

私はなぜかドルを持っていたのです。

こんなふうに、何とかなる体験を、私はこれまでにたくさん体験してきました。

「大丈夫！　絶対何とかなる！」と言うときは、確信を持って、宇宙を信頼して言うことがポイントです。

あたかも、もう何とかなることが決まっているかのように言う。

そうすれば、宇宙はあなたのために縦横無尽に働き、本当に何とかなるミラクルが起こるのです。そしてミラクルを体験すればするほど、ますます問題など存在しないということも納得できていくでしょう。

実践その4
電車に乗ったら、すべての乗客に愛のパワーを流す

実践できない人
▽
「愛されたい」という渇望感を満たせず、孤独を感じる

実践できる人
▼
いつも心に愛が満ち、二十四時間幸せでいられる

これまでに、「愛されない寂しさ」を感じたことはありませんか？

人間は、生まれてすぐは自分の足で立ったり、ご飯を食べたりすることができません。ですから、どうしても人の助けを借りなければ生き延びられません。

そのため、赤ん坊にとっては、自分を世話してくれる人に愛されているかどうかが死活問題なのです。愛されていれば、生きていける。そんな思い込みが刷り込まれてしまうのも無理のないことなんです。

そして、愛を求めるからこそ、そこに「人間関係」というものが成立します。私たち人間は、その関係性を通して真実の愛に目覚めていくように創られているのだと思います。

ところで、「愛されたい」のは、「私は愛に満たされていない」という欠乏に意識がフォーカスしている状態ですよね。これは「すべてがある」という宇宙の流れに反しています。

だから愛を求めれば求めるほど、ますます愛が遠のいてしまうのです。

そうであるなら、**あなたのほうから無条件に、人に愛を送ってしまえばいいのです。私たちには、常に宇宙から無限の愛が降り注がれているのですから、いくら人に愛を流しても愛のエネルギーが減ることなどありません。**

そこに意識をフォーカスし、たとえば電車に乗ったときに、その電車に乗っているすべての人に向かって、自分のハートから愛を流すイメージをするだけでいいのです。

宇宙から無限の愛が流れてきて、それがあなたの魂を通って、すべての乗客のハートに向かって流れていくとイメージします。

そしてできるなら、その方たちの幸せを祈ってください。

そのとき、愛を送っているということを、誰かに言う必要はありません。

誰にも言わず、一人静かに、すべての乗客に愛を流してください。

これは電車に乗ったときだけでなく、出勤したときに、会社で働いているすべての人に流してもいいですし、地球上のすべての人やものに、気が向いたときに流して構いません。

これをやるとどんな感じがすると思いますか？

あんなに愛されたいと思っていたのに、とても愛に満ちあふれた感じがしてきます。当然です。**宇宙から流れ込む愛は、まず、あなた自身を満たします。そして、その愛をそのまま外に向かって流すことで、ますますあなたに宇宙から愛が流れ込んでくるからです。**

これは、まさに「無償の愛」に見えますが、他者に愛を送っているだけでなく、あなた自身をいつでも愛で満たす道でもあるのです。

実践その5

十秒間「無」になってみる

実践できない人

▽

「足りない」「問題がある」という考えに追いかけられ、さらに真実から遠ざかる

実践できる人

▼

意味のないとらわれから自由になり、宇宙の恩寵を受け取る

不安や怖れはどこからくると思いますか?
それは思考からやってきます。考えているときは怖れの回路が働き、あなたを怖がらせたり、不安にさせたりするのです。

では、十秒間、何も考えないでいてみてください。
どんな感じがするでしょう。ちょっと実際にやってみてください。

私たちは生まれてこの方、ず〜〜〜〜っと考えてきました。考えが止まるということはほとんどありませんでした。寝ているときでさえ、夢の中で何かを考えています。だからたった十秒でも何も考えないということをしてみると、雑音がなくなり、不思議と正気に戻れることがあるのです。

頭の中が考えでいっぱいで、ああでもない、こうでもないと、ぐるぐるしているなら、十秒間でいいですから、何も考えない空白の時間を作ってみてください。

それによって、何かが足りないとか、何かが問題だとか、そんなとらわれから自由になれるでしょう。

本当は十秒と言わず、一日に一分でも二分でも、できれば十分くらい無になる時間を作ることができたなら、もっといいです。

十秒くらいなら、何も考えないことができるでしょうが、一分間も何も考えないということはできないとおっしゃる方もいらっしゃるかもしれませんね。

そうですよね。これまでずっと考えることをやってきたのですから、今さらそれをやめようとしてもなかなかやめられるものでもありませんよね。それに、何かをやっちゃだめと禁止すればするほど、そのやっちゃだめなことをしたくなるのが人間の性《さが》ですからね。

ではどうすればいいのか?

考えが浮かんでくるところから消えていくところまでを、ただ観察してみる。どんな考えが浮かんでもそれをいちいちいいとか、悪いとか裁かない。ただ見守る。するど、考えというものが泡のように儚《はかな》いもので、浮かんでは消えるだけのものにすぎないと感じるでしょう。

思考の観察に慣れてくると、ますます頭が空っぽになり、よけいなことを考えなくなります。

そして**思考が長い時間止まると、あなたはそのとき真実を垣間見ることになります。すべては一つで、何も足りなくないという、宇宙の真相に触れることになるのです。**するとますます宇宙を信頼できるようになり、ますます恩寵も受け取れるようになるでしょう。

でも、いきなり無理をせずに、まずは十秒間、思考を止めるところからトライしてみてください。

実践 その6
宇宙に、気軽に何でも話しかけてみる

実践できない人

▽

宇宙となかなか意思疎通が図れない

実践できる人

▼

宇宙のミラクルが、早いスピードで実現する

「宇宙と話す」と聞いて、「私はチャネリングとかはできないんですけど」って思われる方もいらっしゃるかもしれませんね。
大丈夫です。特殊能力は必要ありません。

宇宙と話すというのは、自分のほうから宇宙に対して働きかけるってことです。
お願いするのでもいいし、
自分はこういうことしたいんだって語るのでもいいし、
何かサポートを感じたら、感謝するのでもいい。
悩みがあるなら聞いてもらえばいいし、
教えて欲しいことがあるなら聞けばいい。
何でも話せて、力になってくれる「株式会社 宇宙」の社長さんに話すような感じでいい。

そしてできるなら、毎朝あいさつする。

「おはようございます。今日もよろしくお願いします」

「いつもありがとうございます」って。


寝る前にも、あいさつすると、なおいい。

「今日も一日ありがとうございました」

「こんな素敵なことがありました。おかげ様です」って。


宇宙は、あなたに感謝されたり、あいさつされたりしないと機嫌を損ねるようなことはありませんよ。そんなにセコくない(笑)。

あなたがどういう態度であろうと、いつもあなたのことを応援してくれます。


でも、**あなたのほうから親しい存在だと思って積極的に接することで、よりツーカーの関係になれます。実現のスピード、ミラクルの起こる頻度が増していく。**

なぜかっていうと、エネルギーの通りがよくなるからなんですね。

双方向にエネルギーが流れることで、エネルギーの通路が広がるのです。


あまり使われない道路はすぐに草がボーボーに生えて通りにくくなりますよね。でも、よく人が使う道はならされて広がり、歩きやすくなるのと同じです。


どんどん宇宙に気軽に話しかけてください。

あなたの感じているどんなことでも正直に伝えてください。

それによってエネルギーの通路はますます広がり、いちいちお願いしなくても、できのいいコンシェルジュみたいに、先まわりしてやってくれるようになります。

実践 その7
いつもと違う道を通って駅まで行ってみる

実践できない人

▽

表面的な安全枠の中で生ける屍《しかばね》になりながら生き続ける

実践できる人

▼

エネルギーの通りがよくなり、ますます宇宙を味方につけられる

私たちは、知らず知らずのうちに、「守り」に入ってしまいます。
安全で確実に思えることばかりを繰り返します。

するとだんだんエネルギーが動脈硬化を起こして詰まってきます。
これはどんどん怖れにとらわれていく状態でもあります。なぜなら、新しいことをしなければ、今以下にはならないと思い込んでいるからです。新しいことをすれば、何か失敗を招く可能性がある。そのリスクが取れないのです。
こうして、ふと気づいてみたら、狭い狭い世界でしか生きられなくなっている。

つまり安全な状態とは、表面的に安全に見えるだけで、実はどんどん危機に瀕《ひん》しているとも言えるわけです。

気づいたら、人生の生き生きとした瞬間が失われていて、何だか生ける屍のように退化してしまっているということです。

だから敢えて自分からその安全を壊してみる。

今までやったことのないことや、新しいことにチャレンジしてみる。

何も破滅的に生きろという意味ではありませんよ。

何か大それたことをしなくてもいいのです。日常の小さなことでいい。
いつもと違った道を通って駅まで行ってみる。
レストランで、いつもと違うメニューをオーダーしてみる。
行ったことのない店や、あまり自分には興味のなかった店にも行ってみる。
やったことのない髪形やヘアカラーにチャレンジしてみる。
行ったことのない場所に一人で行ってみる。
いつも降りない駅で降り、町を探索してみる。

車で移動していたなら、バスや自転車で移動してみる。

などなど、何でもいいんです。

「いつも通り」の枠をはずすと、エネルギーが動き出し、まわり出します。エネルギーが動けば、宇宙とあなたの間の通路をエネルギーが行き来するようになり、ますます流れがよくなります。

ポイントは遊び感覚でやること。

これをしないと生ける屍になってしまうのが怖ろしいからやらなければ！　と思うなら、やらないでください。逆効果です。

気軽に、小さなことから枠をはずすことを楽しみましょう。

そしてそれによって広がる新しい景色を楽しめばいいんです。

実践その8

突然誰かにプレゼントする

実践できない人

▽

お金の豊かさをいつまでも味わえない

実践できる人

▼

豊かさのエネルギーを欲しいままにする

誕生日でもないのに、友だちからプレゼントをもらったら、どんな気持ちがするでしょう?

きっと驚くでしょうね。そして、自分のことを思い出して、プレゼントしたいと思ってくれた友だちの気持ちをとてもうれしく思うでしょう。

「お金がない」と嘆くと、本当になくなっていくんでしたよね。

だから、「お金がない」って財布の紐をかたく締めるのではなく、歓びに向かって使ってみるのです。

そんなにすごいものを買わなくてもいいんです。ただし本当に相手が歓びそうなものを選びましょう。仮にまったくお金がないなら、買わずに何か作ったっていいし、ものやカタチ以外のものでもいい。ハグするだけでもいい。

自分は人と歓びを分かち合える豊かさを持っているということに意識をフォーカスして、この行動を楽しむんです。

これは「ある」に意識をフォーカスさせていますから、「ある」が現実化していくことになります。

豊かさとは、ただ単に貯金の残高がいっぱいあることじゃないんです。福沢諭吉が描かれたお札が何枚もあるということじゃないんです。

豊かさとは本質的に、歓びなんです。
愛なんです。
それを体感し、実際に人と分かち合うことで、豊かさのエネルギーはまわりはじめます。

仮にお札がそんなになかったとしても、心の豊かさは失われません。それが自分にあるっていうことを忘れず、実際に行動に移すことによって、さらに内面的にも外面的にも実感するようになるのです。

その上、相手が歓んでくれたら、あなたもうれしいでしょ？
歓びも増幅していきますよね。

あっ、でも恋愛感情を持っている異性に対して、下心アリでこういうことをする場合は、ちょっと違いますのでご注意ください。

もしも異性にアプローチするなら、まわりくどいことをせずに、「好きだ」って言っちゃってくださいね。そうやって、ストレートに愛を表現することも、立派な豊かさの分かち合いです。

実践 その9
宇宙とツーカーノートをつける

実践できない人
▽
「ないこと」や「恵まれていないこと」にフォーカスし、「ないこと」が叶う

実践できる人
▼
宇宙に愛されていることに気づき、引き寄せ以上の願いが叶う

私たちは、生まれてこの方ずっと、怖れの回路が優位な状態で生きてきました。ですから、意識しないでいると、すぐにうまくいかないことや失敗する可能性にとらわれてしまいます。

だから、誰かに言われたひと言が気になって、一日中そのことばかり考えてしまうのです。そして、ずっとそういうことに意識が向いているので、自分の人生はうまくいっていないと勘違いしてしまうのです。

もしも、ある日突然、昨日までできていたことが、今日、できなくなったらどういう気持ちになるでしょう。誰かに言われたひと言が気になるどころじゃなくなりますよね？　こっちのほうが大問題ですよね。

つまり、今日もふだんと変わらず日常生活を送れているという偉大なる恩寵はいつも見逃されているわけです。**実は落ち着いてよく振り返ってみれば、うまくいっていることや恵まれていることのほうが圧倒的に多いのです。**

ちゃんとご飯が食べられるし、やるべき仕事もあるし、隣の人は会うとちゃんとあいさつもしてくれる。駅に行く途中で会う犬は今日も尻尾を振ってくれるし、その上今日の空はとても美しい。

これらに意識的であったら、人生はまったく違ったものになるでしょう。

なぜなら、この意識状態は、「ないこと」ではなく、「あること」や「恵まれていること」にフォーカスしている状態であり、そこに意識を向けるということは、それらが現実化するということだからです。

ということは、**「あること」や「恵まれていること」に意識を向ける習慣を作ればいいのです。**

どこにでも持ち歩ける小さなサイズの手帳を用意して、何かありがたいなあと感じたり、うれしいなあと感じたり、宇宙の恩寵だと感じることがあったら、そのノートに書くようにします。

書くことによって、「ああ、私って、実はこんなにも恵まれていたんだ」とはっきり認識できるようになります。さらに、悲しくなったときや、不安に苛《さいな》まれているときにノートを読み返せば、「大丈夫だ」って思えます。

毎日書いてみると、シンクロやミラクルって日常的に結構あるんだなってことに気づきます。今までは意識していなかったけれど、本当に自分は宇宙に愛されているんだって実感できるようになってきます。

そしてますます宇宙を信頼できるようになる。

宇宙を信頼して、宇宙にお任せすればするほど、宇宙はますます縦横無尽に働いてくれるようになります。

実践 その10
宇宙に「怖れから自由にしてください」とお願いする

実践できない人

▽

いつまでも怖れにとらわれ、そこから逃れたくて七転八倒する

実践できる人

▼

最速で怖れから自由になる

宇宙はあなたを助けたくてたまらないんです。実践 その6で、宇宙に気軽に話しかけてみることで、宇宙とますますツーカーになるということをお話ししましたが、ただ話すだけでなく、協力をお願いしてもいいんです。

あなたがここで紹介されているような実践をしても、それでも怖れにとらわれてしまうなら、宇宙に「怖れから自由にしてください」とお願いしてみてください。

そうすれば、宇宙はきっとあなたを導いてくれます。

たとえば、「私に怖れから自由になる光を注いでください」ってお願いしてみてもいいんです。

背筋を伸ばして座り、軽く目を閉じて、そうお願いすれば、そういう光を頭頂から流してくれるでしょう。

リラックスして、気楽に受け取ってみてください。

光の受け取り方にとくに決まりがあるわけではありませんが、飲酒や喫煙をすると波動がブレやすくなってしまうので、光の浸透をよくしたいのであれば、せめてその日は飲酒も喫煙もしないようにすることをお勧めします。

光が入ってくると、感覚的に感じられるという方もいらっしゃいますが、そういうことに慣れていない場合、とくに何も感じないということも往々にしてあります。なので、感覚の有無は気にしなくていいです。

大事なのは感覚の有無ではなく、常に宇宙が最善のことをしてくれているのだという信頼です。宇宙への信頼さえあれば、光の浸透も早いですし、宇宙からの恩寵も受け取りやすくなります。

それから、光を受け取った後、「こうなっていないと困ります」というような執着はしないことです。

受け取ったことによって、どうなろうと、何が起ころうと、完全に委ねるスタンスであればあるほどいいのです。あなたによっていかなる制限もされないとき、宇宙は縦横無尽に働いてくれます。

そして、光を受け取ったら、宇宙に心から感謝してください。感謝しようとしまいと宇宙の愛は変わりませんが、あなたからも宇宙に感謝という愛のエネルギーを投げ返したほうが、エネルギーが行き来することになって通りがよくなり、ますます光が流れやすくなります。

そのうちに、いちいちオーダーしなくても、先まわりして光が流れるようになってきます。

だから、光を受け取ったら感謝して、ますます宇宙とツーカーになってください。

ちなみに、私のブログでも、毎日その日の記事の内容に合わせて、さまざまな光を受け取れるバナーを設置しています。

バナーをクリックしていただければ、その日によりますが、だいたい二十二時から十分間、無料で光を流しています。

よろしければ、この光もぜひお受け取りください。

第五章

「宇宙の法則」最終奥義

想像以上の恩寵を受け取るための秘策をお教えします

私たちの望むことや、引き寄せたいと思うことの多くは、それさえあれば自分は満たされると思っている幻想にすぎません。ですから仮にそれを得たとしても、実際には幸せにはなれないことがあります。

でも、私たちは、それを手に入れないうちは、いくらでも妄想を膨らませることができるので、「それさえあれば」と思って、しがみついてしまう。

それらの執着を全部手放してしまったとき、欲しかったものが、逆に向こうからやってくる。それどころか、想像していた以上の恩寵が宇宙からもたらされるというのが逆転の法則です。

主婦の傍ら、好きなワークショップに参加できるくらいのお小遣いを稼げるようになりたいと望むこともできます。

もちろんそれも可能でしょう。でも魂に従ってやりたいことをやり、宇宙にすべてを委ねたら、月に二日しか働かないのに、十分生活できるだけの収入が入る可能性だって開きます。

望みを限定しなければ、想像を超えた恩寵が流れてくる扉が開くのです。

この法則を本当に生かしたいのなら、徹底的に宇宙にお任せすることが肝心です。

最後の章では、その奥義をお伝えしていこうと思います。

奥義 その1
人生は映画のフィルムだ

奥義を極められない人

▽

不足感を抱えたまま
同じフィルムを鑑賞し続ける

奥義を極められた人

▼

叶う速度が早くなり、
実現するもののレベルが上がる

これまでの章で、「ある」を起点にすれば「ある」が実現していくというお話を何度もしてきました。

そして、宇宙には足りないものなどないというのが真理だということもお話ししました。


確かに宇宙には足りないものなどありません。

でも、現実のあなたは、明日の家賃が払えないということもあるかもしれませんよね。それなのに、「ある」だなんて冗談じゃない！　って思うかもしれません。


いいんですよ。今のあなたがそれを持っていなくても。

「今」、それを手にしているかどうかは問題ではありません。

「どこに」意識がフォーカスされているかが問題なのです。


今現在は、明日の家賃が払えない状態だったとしても、「私は絶対にお金に困らない」という意識にフォーカスしていれば、やがて宇宙があなたを絶対にお金に困らない状態に導きます。

どうしてそんなことが起こり得るのかと言えば、この世自体が波動を映し出した幻影のようなものだからです。

「あなた」という人間の想念の波動が焼きつけられたものがフィルムであり、あなたの体験している世界とは、それを映し出した映画のようなものなのです。

映画を見ているとき、ストーリーを変えようと思ってスクリーンに突進してもどうにもなりませんよね。でも私たちがこれまでやってきたことはそれと同じようなことでした。だから機能不全に陥っていたのです。

ストーリーを変えたいのだとしたら、フィルムをチェンジするしかありません。

そして**フィルムをチェンジするには、あなたの意識のフォーカスポイントを変えるしかないんです。**

フォーカスポイントを変えれば、それがフィルムに焼きつけられ、そのフィルムを映写機にかければ、違うストーリーの映画が上映されます。

私たちが生きている三次元は重たい次元なので、波動がカタチとして立ち現れるまでにタイムラグがあります。だから、**今「ある」という波動にフォーカスしていても、現実にはまだ「ない」という状態であることもしばしばあるのです。だから、「今どうであるか」にとらわれる必要はありません。**

ただ、このタイムラグも年々縮まってきていますし、フォーカスしたことが実現するレベルもさらに高まってきています。

だからなおのこと、どこに意識のフォーカスがあるかがとても重要なのです。

奥義 その2
本当にやりたいことをやりまくる

奥義を
極められない人

▽

やりたくないことも、
無駄に努力してやり遂げようとする

奥義を
極められた人

▼

**楽しんでやっているうちに
多くの人を魅了して、成功する**

私たちは小さいころから、努力をしなさいと言われてきました。努力できる人間は優秀であり、努力のできない人間は落ちこぼれだと思い込まされてきたのです。

この、努力をよしとする背景には、自分には何か足りないところがあり、それを克服することこそが人間としての成長だという観念がありました。

楽をすることは怠けていることで、やりたくないことでも我慢して続けていくことで本当の力が身につき、やがて成就する。だから努力しなさいという図式があったのです。

中学生くらいまでなら、こういうこともできます。まだ生まれてからそんなに年数が経っていないので、エネルギーもあり、多少の無理もきくからです。

でも本当に魂が望んでいないことを頑張るのは、人間の本性に逆らっていることであり、宇宙の流れにもあらがうことなので、中学を卒業するころには、そんなことはできなくなってきます。

これは至極当然のことなのに、古い観念に縛られてきた私たちは、そんなことじゃいけない。もっとしっかりしろ。ちゃんとやれと自分を叱り飛ばしてきました。

人間はみな、そもそも完全な存在です。その完全性を否定し続けることは、ものすごく消耗することなのです。だから、もっとちゃんとやれ！　そんなことじゃだめじゃないか！　と自分を否定すればするほど消耗が進み、疲れてくる。疲れてくるからますます頑張れなくなる。頑張れない自分がますます嫌いになり、何もしたくなくなる……というスパイラルにはまってしまうのです。

この方法ではうまくいかなかったということをしっかり認識する必要があります。

むしろその逆を生きればいい。

自分の何かが足りないのではなく、この私は、これで完全であり、この完全な私の

魂が望むことをやっていい。

これこそが宇宙の流れに沿った生き方であり、歓びが増幅する道です。

本当にやりたいことをやるから楽しい。楽しいから頼まれないのにどんどんやってしまう。そして、どんどん新しいことにも挑戦してしまう。

いつも歓びにあふれているあなたがこの世界に表現したものは、たくさんの人々を魅了します。なぜなら、その表現に込められた波動は、自由と歓びの波動であり、人はその波動に触れることで己を解放し、自由になりたいと無意識に感じるからです。

さらに、たくさんの人を魅了するものを社会は決して放っておきません。すると成功しようとしたわけでもないのに、結果的に成功してしまうのです。

あなたには足りないところなどない。

そんなあなたがすばらしい。

だからそのまま、本当にやりたいことを貫いていいのです。

奥義 その3
宇宙に主導権を明け渡す

奥義を極められない人

▽

エゴの声を信じ、混乱と葛藤だらけになる

奥義を極められた人

▼

どんなときでも宇宙の自動操縦に委ねられるので、楽に流れに乗れる

私たちは、今までずっと自分の人生をコントロールしようとしてきました。自分の人生のハンドルは自分が握って、進みたい方向に進むことが安全なことだと思ってきました。ハンドルをほかの何かに預けてしまったら、自分が望んでいないところに連れていかれる可能性もある。それはとても危険だ。だからかたくなにハンドルを握って離そうとしなかったのです。

ところがそれは宇宙の流れに逆らう道でした。「私」という名のエゴは、怖れの回路に支配されているからです。

足りない。

危ない。

問題がある。

それを起点にハンドルを切ろうとするから、宇宙の流れに逆らうことになり、大きな抵抗と葛藤を生み出し、なかなか思ったように進まなかったのです。

一番大事にしていたコントロールこそが、一番最初に手放していいものだった。

つまり、私たちはコントロールを手放し、小さな自分の代わりに宇宙に自動操縦してもらえばいいのです。

宇宙はあなた以上にあなたを知っているし、何が一番あなたにふさわしいことなのかもわかっています。しかも、どんなあなたのこともこの上なく愛している。

たとえあなたが宇宙を憎んでも、宇宙はあなたを愛することを決してやめない。

いつもあなたに与えたくて与えたくてしかたない。

無限そのものの宇宙は、いくらあなたに与えたところで尽きることもない。

あなたに必要なことは、宇宙を全面的に信頼することと、

宇宙の流れを遮《さえぎ》らないこと。

今この瞬間、歓びのど真ん中で、魂に従って生きるだけでいい。


エゴは、そんなことをして大丈夫なのか？

危険な目に遭うんじゃないか？

やりたいことをやるだけで社会に通用するのか？

などとささやいてくるかもしれませんが、そのたびに思い出してください。

それをずっとやってきたけれど、うまくいかなかったということを。


それよりも、宇宙に委ねてしまえば、小さな自分なんかが頑張るよりも、ずっとうまくやってくれる。

何しろ宇宙は無限なんです。どんな自分のことだって愛してくれています。

何が最善なのかもすべてわかっている。その上、自分の想像もつかないほどすばらしい恩寵を用意してくれているんだってことを、どうぞ思い出してください。

奥義 その4
帰る橋を焼く

奥義を
極められない人

▽

「いつでも引き返せる」という及び腰が、
宇宙の恩寵を妨げる

奥義を
極められた人

▼

「もう後戻りしない」という決意が、
驚くべき展開につながる

コントロールを手放すとは、先の心配もしないし、期待もしないということです。
どうなるかは宇宙にお任せする。
どうなろうと、宇宙が最高最善に導いてくれるのだと信じる。
それこそが逆転の法則が生かされる最高の道です。

つまり、**「宇宙にお任せした以上、もう後戻りしません」という決意があるとき、宇宙は何ものにも遮られず、縦横無尽にあなたに恩寵を降り注ぐことができるのです。**

だから帰る橋は焼く覚悟を決める。
もう古い価値観の世界に戻らないと誓う。

そういう意味では、これまでやりたくないことを頑張ろうとしてもまったくうまくいかず、万策尽き果てて、お手上げ状態である人は、恵まれている人です。
そこまでいってしまえば、古い価値観に戻ろうとは思わなくなるからです。

帰る橋も盛大に焼くことができる。

私はまさにそういうルートをたどりました。

前の仕事を辞める決断をしたところがそうでした。やりたくないことを無理に頑張り続けていたので、体を壊して入院はするわ、退院して戻ったと思ったら、今度はパワハラを受けるわ、そのストレスで睡眠不足になり、遅刻しそうになって会社まで車を飛ばしている途中で交通事故にまで遭いました。

しかもその交通事故で自分の車を修理するのに四十万円もかかりました。

まさに踏んだり蹴ったり。「毎日一生懸命仕事しているのに、どうして神様はこんなにひどい目に遭わせるんだ！」と腹が立ち、「この役立たず！」と持っていたお守りに八つ当たりして捨てたこともあります。

だから、「ええい、もういいや。今の仕事を辞めて本当に好きなことだけしよう。その結果どうなろうと、もうどうでもいいや」って思えた。自然に帰る橋を焼いていた。そして、それ以前が苦しすぎたから、好きなことができるというだけでうれしくてしかたがなくて、どんな不安もその歓びには太刀打ちできませんでした。

何とかうまくいかせようとか、成功しようとか考えることさえ面倒だった。ただやりたいことをする歓びに没頭したかった。

そして、私は歓びそのものであっただけなのに、首都圏のはずれにある真鶴のサロンには、全国からセッションを受けに人がやって来るようになりました。ワークショップはあっという間に満席になり、ブログの読者もどんどん増え、気づいたら今のような自由で豊かな生活をしていたのです。

私は、逆転の法則を最初から知っていたわけではありません。実際に生きてきた軌跡を振り返ったときに「これは逆転の法則だったのだ」と気づいたのです。

だから**これは絵に描いた餅ではありません。宇宙を信頼し、魂に従って生きようとする人には、誰にでも開かれている道なのです。**

奥義 その5
宇宙に対しては、「いい子」にならなくていい

奥義を極められない人

▽

これも「宇宙の恩寵」とつらさや苦しさを我慢してしまう

奥義を極められた人

▼

正直に「困っている」「つらい」と言い、さらに宇宙とツーカーになる

宇宙は私たちの理解など超越しています。不可知なのです。
だから何が起こっているのか、本当は私たちにはわかりません。この出来事はこういうことのために起こっていると、もっともらしい理屈をつけることもできますが、それは頭が納得したいがために作った妄想にすぎません。

わかろうとしてもわからない。
それが真相であり、本物の叡智《えいち》なのです。

だからときには、どうしても納得のいかないことが起こることもあるでしょう。
宇宙を信頼していても、一人の人間である私たちには、どうにも宇宙に抗議したくなることもあるかもしれません。

そんなときは、本当はつらいのに、「これも宇宙の恩寵なのですね」って我慢して、いい子にならなきゃいけないなんて思わなくていいのです。

逆にその気持ちを抑え込まずに、宇宙に文句を言ったっていいんです。

「私にはどうしても納得できない。こんなことが起こったら困るんだ。どうにかしてくれ。私は混乱して、すごくつらい。助けてくれ」って正直に言っていい。

宇宙はあなたに文句を言われたぐらいで、あなたに対する恩寵を打ち切りはしません。あなたがどんなに愚かであっても、あなたのことを愛しています。


だからいつも正直であっていい。

ありのままのあなたでいることが、宇宙の流れに則しているということでもあるのです。


カッコつけたり、わかったふりをしなくていい。

つらいときはつらいと言っていいし、わからないときはわかりませんって言っていいんです。

そのほうが無駄な抵抗が生じず、ストレートにエネルギーが流れます。

ただ、宇宙に対していくら文句を言ったり抗議をしたりしても、焼いた橋を戻ろうとはしないこと。

そこだけははずさない。

そうすれば、そのプロセスを経たずっと先に、なぜあんな体験をする必要があったのか気づいたり、あれはここにつながっていたのだとわかったりします。

でも、場合によってはわからないこともあります。

それもそれでよし。わかろうとしてわからなくても、それでも戻らずに進んでいけば、勝手に道は開けます。

奥義 その6
「そうなる」と絶対的に確信する

奥義を
極められない人
▽
願いごとを具体的にイメージし、
それが手に入った感情を味わう

奥義を
極められた人
▼
**願うことすら放棄し、
ただ信じて疑わない**

これまでの時代は、みなさんご存じの通り、何かが「足りない」「ない」から、それを手に入れるために願いごとをするという方式でしたよね。

願うということ自体が、「ない」を前提にしていることはおわかりですよね。

そして、「ない」が前提だと、そちらにエネルギーがフォーカスするので、「ない」が実現するか、なかなか手に入らない状態が長引くかになりがちなのです。

一方、宇宙にお任せ方式は、今何かがあってもなくても、「そもそもありのままで完全なんだ」という前提に立ちます。そして完全であるという満ち足りた状態から、さらに経験してみたいことを創造するスタンスです。

願いごとを実現させるためには、自分がそうありたいと願う生活を実際にしている自分をイメージし、すっかりその気になって、すでにそれが手に入ったかのような感情を味わうと、実現すると言われてきましたよね。

たぶん、イメージングが得意な人は、この方式でうまくいくと思いますし、実現もするでしょう。ただしこのやり方だと、狙ったものしか手に入らない。想像を超える恩寵までは視野に入っていませんからね。


でも、このイメージングも、もういりません。

ただそうなるって「確信する」だけでいいのです。


自分にはそもそも何も足りなくない。すべてあるんだけど、その中のある側面が、三次元上に現れているにすぎないというスタンスに立つ。

つまり、氷山の一角みたいなもの。

目には見えないけど、海中には海上に見えている氷山とは比べものにならないほど巨大な氷が潜んでいるのと同じです。

あなたは巨大な氷山なのに、海上に見えている一角を自分だと勘違いし、あれが足りない、これが足りないって慌てていただけなのです。

それはただ単に海中にあって見えていないだけで、本当はちゃんと存在している。

ということは、欲しがる必要もないわけです。今、目の前にないだけで、タンスの奥にはあるようなものです。


ですから、その海中にあるものを、「ある」って確信するだけでいいってことです。

それが「そうなる」って確信するということです。


「そうなる」と確信したら、それがいつのタイミングで、どう顕在化するかは宇宙にお任せする。宇宙が一番いいようにやってくれると信頼する。いちいち細かく指定する必要もありません。

たとえば、「私の才能を生かしたすばらしい仕事ができる」って確信するだけでいい。それがどういう仕事で、収入がいくらくらいで、とか、こと細かに指定しなくていい。

それをやってしまうと、執着になりやすくて、かえってそうならない。あるいはうまくいったとしても、最大でもそれしか手に入らない。

でも、宇宙は小さなあなたの頭では到底想像もできないようなものを用意しているんです。そしてそれをあなたに与えたくて与えたくてたまらないんです。

だから「才能が生かせる仕事ができる」というだけでいい。そしてそれはまだ目には見えないけれど、ないわけではなく、すべて海上にカタチとなって現れてくるんだって確信していればいい。


私の出版も実はこの流れでした。


私のブログは、以前から人気ブログランキングで常時ベスト三に入っていました。でも全然出版の話が来ない。何でだろうなあ。結構面白いこと書いてるのになあって思っていました。

新月にお願いしたこともありました。イメージングをやったこともあります。でもイマイチです。そりゃそうです。これはどう見ても「ない」が起点になっていますからね。

それであるとき「こんなに毎日たくさんの方に読んでもらっているってことは、作家さんと同じだ。もう出版されているも同然だ。あとはもう宇宙にお任せだ」って思いました。この思いが、確信と同じような作用をしたのでしょうね。

するとその翌月に、結構大きな出版社さんから初出版の打診メールが来ました。

一冊だけでも出版されたら十分だって思っていたのに、そこからあっという間に六社から出版のお話をいただきました。

それは私の想像を超えた恩寵でした。

だから、**細かくお願いしなくても、自分にはそうなるだけの力があるんだって確信さえしていれば十分。後のことは宇宙がやってくれます。それもベストタイミングで。**

奥義 その7

すでに使命を果たしていると知る

奥義を
極められない人

▽

自分の使命を探し求め、
何者かになろうとあがく

奥義を
極められた人

▼

何も目指さないことによって
正真正銘の本物になる

私もその昔、自分の生まれてきた使命とは何だろうと思っていました。

あるとき、透視のできるヒーラーさんのセッションを受けに行って、

「私が生まれてきた使命は何でしょうか？」と真剣に尋ねたことがありました。

するとそのヒーラーさんは、あっさり言いました。

「まず、幸せになることです」

そんなことは言われなくてもわかってるよ。幸せになりたいから使命を聞いているんじゃない！　となかば憤慨したことがありました。しかし、今はそれがある意味正しかったと感じています。


生まれてきた使命というと、たとえば、たくさんの人に生きる勇気を与える歌を歌うミュージシャンになることなどのような、何か世の中に存在する意義のようなものをイメージするかもしれませんよね。そしてそれがわからないうちは、生きていても何の役にも立っていないような気がして、焦ることもあるでしょう。

でも本当は、すでに生まれてきた使命は果たしているのです。

私たちが、人間としてこの世界に存在していること自体が、何よりも重要な「生まれてきた使命」なのです。

あなたという宇宙の最高傑作が生きて体験するすべてが、この宇宙を豊かにしてくれている。

そもそも完全であるのに、完全であることをいったん忘れて、もう一度思い出すプロセスにあることが、宇宙への最大の貢献なのです。

それは今この瞬間も果たされています。

ですから、自分以外の何者かになろうとしなくていいのです。何者かになろうとすることが、むしろ、あなたがあなたであることを妨げ、葛藤や苦しみを生み出すことにつながります。

あなたがあなたであることに徹して生きているうちに、気づいたら歌が歌いたくなって、本当に人に生きる勇気を与える歌を歌うことになるかもしれません。小さいころからの動物好きが高じてはじめた猫や犬の里親探しが、やがてライフワークになり、飼い主さんとペットを笑顔にするかもしれません。しかし、それは目指してなるものではなく、あなたがあなたであることによって結果的に生じることなのです。

使命は探すものではありません。あなたがどんどんあなたであることを許していけば、自然にそこに至るのです。しかもたとえそのときはミュージシャンであったとしても、それにとどまる必要もない。あなたがあなたを生きていけば、人に勇気を与えるために、大工さんになるかもしれない。

何になるかは、実にどうでもいいことなのです。あなたがあなたであればあるほど、ますますあなたの本質が自動的に表現され、それはいつも社会から歓迎されることになります。

だから、**あなたがやる必要のあることは、やりたいことを探すことではなく、あなたのすべてをただ愛し、許し、自分に正直であることです。**

奥義 その8
真実のあなたは、名前でも、職業でも、性格でもない

奥義を極められない人

▽

「名前」「職業」「性格」という肩書きに、左右される

奥義を極められた人

▼

外側のことに一切とらわれず、一生本当に自由でいられる

人生は映画のフィルムを選択するようなものだという話をしました。そしてそのフィルムは、その人が何に意識をフォーカスしているかによって無限にあるとも言いました。

では一体、「あなた」とは誰なのでしょう？

無限にあるフィルムによって、あなたも違う個性や格好をしている。一人の人間であるはずなのに、無限に違う時空に存在している「私」とは、実在するものなのでしょうか？

一度じっくり自分に聞いてみてください。

あなたとは誰なのか？

「あなたは誰ですか？」と人に問われたら、きっと名前を言うでしょう。けれど、その名前さえ後からついたものです。生まれたときは名前すらありませんでした。

「私は医者だ」と答える人もいるかもしれません。でも、それは職業であって、あなたそのものを表してはいません。

自己紹介するときに、「私は人見知りです」と言うかもしれません。それもあなたのある側面であって、あなたそのものではありません。

私たちは、実在としての真実の自己に対して、「名前」「職業」「性格」などの張り紙をしているだけです。そしてその張り紙を自分だと思っている。そしてよりよい張り紙にしようともがいてきた。そんなものはただの紙切れにすぎないのに。

人生はフィルムのようなものだけれど、あなたという存在はフィルムではありません。むしろフィルムに光を当てて動かしている、映写機のようなものです。

あなたはどんなフィルムがかかっても変わりません。フィルムが実体じゃないということを誰よりも知っているし、フィルムの中でどんなストーリーが展開しようとも、何も失わないし、何の問題もないことを知っています。あなたは、どんなときもあなたです。

ただあるがままを見つめ、見届け、何もかもを許し、愛している。張り紙があってもなくても、それ自体で完全に満たされている。

それは決して傷つかない。
傷つきようのない純粋な命の光です。
それが本当のあなた＝真我《しんが》なのです。

奥義 その9
「宇宙＝私」となる

奥義を極められない人
▽
自分は取るに足らない無力な存在だと思い、外界に振りまわされ続ける

奥義を極められた人
▼
宇宙の恩寵を多くの人と分かち合い、歓び合いたい気持ちが湧き上がる

真実のあなたは、どんなフィルムがかかっていても、それが実体ではないことを知っています。フィルムがどんなストーリーだったとしても問題だとは思いません。それは、波動が焼きつけられた幻想だと知っている。

いつもただあるがままであり、フィルム上で起こっていることを見つめ、見届け、何もかもを許し、愛している。

張り紙があってもなくても、存在すること自体で完全に満たされている。

ちょっと待ってください。それって何かに似ていませんか?

どこか宇宙に似ていると思いませんか。というか宇宙そのもののようでさえある。

そうです。**あなたは宇宙でもある。**

宇宙を信頼して、委ねれば委ねるほど、宇宙とあなたはますます同調しやすくなってきます。

わざわざ何かを望まなくても、いつも宇宙がすべて面倒を見てくれているような不思議な境地に至るでしょう。一見よくないことが起こっているように思えるときでさえ、怖れにとらわれて、それに対して手を打たなければと右往左往することもなくなるでしょう。

そんなことをしなくても、いつも宇宙が自然に解決してくれるか、あるいはそれによって想像もしなかったような展開になるということを、実体験するようになるからです。

もはや、人生とは自分一人のものではなく、宇宙の意思によって動いているものなのだと感じるようになります。

そして、**やがて宇宙と自分は一つだったのだという気づきが突然訪れます。**

この真実は、方法を通して身につけたり、理解したりするものではありません。体験を通して得られる「気づき」なのです。

勇気を持って宇宙をとことん信頼し続けた先にやってくるものです。

この境地になると、いちいち宇宙を意識しなくなります。宇宙の流れそのものとして生きられるようになるからです。

こうしなければ、ああしなければ……という気持ちは消えている。

放っておいてもすべてが円滑に流れる。

ミラクルが当たり前になる。

人生は、想像もしなかったステージに向かってどんどんシフトしはじめます。

そして、さらなる気づきが起こる。

そうか。これは私のためだけに起こっていることではないのだなと。

私にこうして降り注がれている恩寵は、たくさんの人と分かち合うためにもたらされているのだ。そうだ！　この歓びをまき散らそう！

それは、誰かを救わなければならないという、どこか強迫観念じみた使命感ではなく、ただこの歓びをたくさんの人と分かち合いたいという無邪気さとして湧き上がってくるのです。

こうして、ますます宇宙と一つに戻っていき、生きている歓びがこの世界に果てしなく広がっていくことになるのです。

おわりに ―― すべてのことは幸せのために起きている

私は昔からうそが言えない人間で、相手が上司だろうと、納得しないことは徹底的に闘うところがあり、長いものに巻かれない人間でした。その分風当たりも強く、頑張って成果を上げて、文句を言わせないようにしてきたところがありました。

でも内面はどうだったかというと、いつも歯が立たないような高い目標を自分に押しつけ、それを達成しない自分を許さず、悲鳴を上げていました。どうしてこんなに頑張っているのにうまくいかないんだろう。神様のバカって思っていました。

あなたも同じように、なぜうまくいかないのか悩んできたのかもしれませんね。

私も今は、宇宙に委ね、とても楽に生きられるようになりましたが、あの苦しかった時代も、決して無駄ではなかったんだと思うことが多いです。

それは、あの時代に身につけたことが、今、すべて生かされているからです。コピーライターとして、毎晩のように深夜残業して文章を書きまくり、鍛えられてきたからこそ、今こうしてブログや本が楽に書けるのだと思います。

人間関係で苦しんだことがあったせいで、幸せになるにはどうしたらいいんだろうと真剣に追究することにつながったし、この仕事をはじめる動機にもなりました。

私はときどき思うんです。この本の中で、「宇宙に委ねたらいいんです」って言ってきましたが、こっちが委ねようとしていないときでも、宇宙は確実に幸せに向かって導いてくれていたんだなって。そのくらい宇宙ってスケールの大きな愛なんだなって。

だから、あなたがこの本の通りにできないことがあっても心配しないでください。それでも宇宙はあなたを導いているということを信頼してください。

どんな道を通ろうとも、あなたはいつも愛されているし、結局は「私って最高なんだな」ってところに行きつきますから。ご心配なく。

この本が、あなたが道に迷ったときの道しるべになれば、私はとてもうれしいです。

最後に、この本を作ることに関わったすべての方に心から御礼申し上げます。そして何よりも、いつも私のブログや本を読んでくださっているすべての方に感謝します。

二〇一五年十月　大木ゆきの

大木ゆきの

小学校教師、コピーライター、国家的指導者育成機関の広報を経て、スピリチュアルの世界で仕事をはじめ、自由で豊かな生活を手に入れる。2009年初めごろから「すべての人には無限の扉があり、そこにつながれば、人生は加速する」というメッセージが降りてくるようになり、それに伴いその無限の扉を開くための法則や瞑想法なども順を追ってくるように。本当に効力があるのか自分自身を実験台に試していたところ、ラジオパーソナリティーなどさまざまな願望がトントン拍子で叶いはじめる。

この方法を多くの人に伝えたいと、同じく2009年10月より「シフトスクール」というプログラムを開講。すぐに満席になる人気スクールとなり、来られない方にも何らかの形で情報提供したいと考え、ブログ『幸せって意外にカンタン！』を立ち上げる。開始と同時に「超実践的、かつ深く気づける」と大評判となり、各種人気ランキングで1位となる。

2014年の11月から2カ月間、インドの聖地で学び、さらにパワーアップ。怖れや執着から自由になる「認識を変える光」を流せるようになった。その光はブログを通じて毎日読者に無料で流されている。

モットーは「宇宙にお任せ」。何ごとも宇宙に導かれるまま、気ままに人生を楽しんでいる。現在は、大好きなブログ更新をしつつ、全国各地でワークショップを開催している。

✦ブログ：「幸せって意外にカンタン！」
http://ameblo.jp/lifeshift
✦ラジオ：「幸せってカンタン！」毎週土曜14:30〜15:00に放送中
FM熱海湯河原Ciao! 79.6Mhz.
http://www.simulradio.info/
※サイマルラジオのサイトにアクセスし、東海地区のCiao！の「放送を聴く」ボタンをオンタイムでクリックすれば、ネットが使える環境であればどこでも聴けます。

宇宙は逆さまにできている!
想像以上の恩寵を受け取る方法

2015年11月13日　初版発行
2023年 3月15日　8版発行

著者　大木ゆきの

発行者　山下直久
発行所　株式会社KADOKAWA
〒102-8177　東京都千代田区富士見2-13-3
Tel　0570-002-301（ナビダイヤル）

印刷・製本　株式会社広済堂ネクスト

ISBN978-4-04-068025-5　C0095
©Yukino Ohki 2015
Printed in Japan
http://www.kadokawa.co.jp/

※本書の無断複製（コピー、スキャン、デジタル化等）並びに無断複製物の譲渡及び配信は、著作権法上での例外を除き禁じられています。また、本書を代行業者などの第三者に依頼して複製する行為は、たとえ個人や家庭内での利用であっても一切認められておりません。
※定価はカバーに表示してあります。
●お問い合わせ
https://www.kadokawa.co.jp/（「お問い合わせ」へお進みください）
※内容によっては、お答えできない場合があります。
※サポートは日本国内のみとさせていただきます。
※Japanese text only